职业教育汽车类专业"互联网+"创新教材

汽车电子技术基础

主　编　白光泽　闫东伟　郭　旭
副主编　闫冬梅　朱晶波　毕　然　汤思佳
参　编　王酉方　宋宛泽　刘云锋　李吉海
　　　　杨　甜　刘　丹

机械工业出版社

本书根据汽车电子电器与电控技术等专业课程的特点，将汽车电子技术基本知识与内容进行了适当整合，内容主要包括 10 个模块：二极管及其基本电路、晶体管及其放大电路、集成运算放大器、反馈放大电路、场效应晶体管及其特性、数字电路基础、逻辑代数基础、逻辑门电路、组合逻辑电路、触发器与时序逻辑电路。

本书适合作为职业院校汽车类专业教材，也可作为社会相关岗位培训用书。

为方便教学，本书配有教学资源包，凡选用本书作为教材的教师均可登录机械工业出版社教育服务网（www.cmpedu.com）注册后免费下载，同时可以通过扫描书中二维码观看相应的微课、视频、动画等。

图书在版编目（CIP）数据

汽车电子技术基础／白光泽，闫东伟，郭旭主编 . —北京：机械工业出版社，2021. 9（2024. 8 重印）
职业教育汽车类专业"互联网+"创新教材
ISBN 978-7-111-69349-9

Ⅰ.①汽… Ⅱ.①白… ②闫… ③郭… Ⅲ.①汽车-电子技术-职业教育-教材 Ⅳ.①U463.6

中国版本图书馆 CIP 数据核字（2021）第 205122 号

机械工业出版社（北京市百万庄大街 22 号 邮政编码 100037）
策划编辑：谢熠萌 责任编辑：谢熠萌
责任校对：张 征 张 薇 封面设计：严娅萍
责任印制：单爱军
北京虎彩文化传播有限公司印刷
2024 年 8 月第 1 版第 3 次印刷
184mm×260mm · 10. 5 印张 · 259 千字
标准书号：ISBN 978-7-111-69349-9
定价：35. 00 元

电话服务 网络服务
客服电话：010-88361066 机 工 官 网：www.cmpbook.com
010-88379833 机 工 官 博：weibo.com/cmp1952
010-68326294 金 书 网：www.golden-book.com
封底无防伪标均为盗版 机工教育服务网：www.cmpedu.com

前言

随着汽车工业和信息化技术的快速发展，汽车已经成为机械技术、电子技术、计算机技术、通信技术及人工智能技术等技术应用的重要平台。汽车电器和电子控制技术在整车上应用的比例不断提高，在掌握汽车电子技术方面，对汽车检测与维修岗位的技术人员提出了更新、更高的要求。

为了适应当前职业院校学生的职业技能需求，本书将基本理论和技能实训融为一体。具体内容选取按照必需、够用并兼顾知识的系统性原则进行取舍，同时引进汽车电子方面的新器件、新技术，在具体内容的安排上，推陈出新，行文由浅入深，通俗易懂。本书将电子技术内容进行有序整合，形成了汽车电子技术基础课程体系。本书在内容编写时紧密与汽车电路联系，突出专业知识的实用性，有利于激发学生的学习兴趣，很多模块都配有技能训练，每个模块后都有思考与练习题。

本书以国家战略需求为导向，以专业人才培养目标为依据，以所在专业能力结构为主线，将习近平新时代中国特色社会主义思想和党的二十大精神落实到位，用社会主义核心价值观铸魂育人，培养学生的工匠精神和绿色低碳理念。同时本书紧抓国家推进教育数字化机遇，将二维码等数字技术融入教材，助力学生学习成长，进一步丰富、优化、更新教材数字化资源。

本书分为10个模块，由白光泽、闫东伟、郭旭任主编，闫冬梅、朱晶波、毕然、汤思佳任副主编。模块一由白光泽编写；模块二由闫东伟编写；模块三由郭旭编写；模块四由朱晶波编写；模块五由闫冬梅编写；模块六由毕然编写；模块七由汤思佳编写；模块八由宋宛泽、刘云锋编写；模块九由李吉海、刘丹编写；模块十由王酉方、杨甜编写。本书由刘金华主审，他为本书提出了许多宝贵意见，在此表示感谢。

本书可作为全国职业院校汽车类专业的教材，也可作为社会相关岗位培训用书。本书在编写过程中，参阅了一些汽车专业书籍，在此向有关作者表示衷心的感谢。

限于编者水平，书中难免有疏漏或不妥之处，恳请广大读者提出宝贵建议，以便进一步修改和完善。

编　者

二维码索引

名称	图形	页码	名称	图形	页码
1. PN 结导电特性		5	10. EMOS 场效应晶体管		81
2. 半波整流电路		13	11. 结型场效应晶体管		84
3. 电容滤波电路		20	12. 码制		96
4. 晶体管的结构		36	13. 与运算和与门电路		110
5. 晶体管的三种工作状态		38	14. 或运算和或门电路		111
6. 集成运放特点		57	15. 组合逻辑电路的分析		123
7. 反相放大器		58	16. 基本 RS 触发器		144
8. 反馈的概念		67	17. 计数器		148
9. 负反馈的四种组态		70	18. 寄存器		150

目　录

前　言
二维码索引

模块一　二极管及其基本电路 ·············· 1

　课题一　半导体基本知识 ·············· 2
　课题二　PN 结的形成及特性 ·············· 4
　课题三　二极管 ·············· 5
　课题四　特殊类型的二极管 ·············· 9
　课题五　二极管的基本电路及其分析方法 ·············· 13
　课题六　晶闸管 ·············· 23
　技能训练 ·············· 28
　小结 ·············· 32
　思考与练习题 ·············· 32

模块二　晶体管及其放大电路 ·············· 35

　课题一　晶体管及其特性 ·············· 36
　课题二　共射极放大电路 ·············· 40
　课题三　共射极放大电路分析方法 ·············· 41
　课题四　共集电极和共基极放大电路 ·············· 46
　技能训练 ·············· 48
　小结 ·············· 51
　思考与练习题 ·············· 51

模块三　集成运算放大器 ·············· 54

　课题一　集成运算放大器的概念 ·············· 55
　课题二　集成运算放大器的主要参数
　　　　　及其传输特性 ·············· 56
　课题三　集成运放组成的几种基本放大器 ·············· 58
　技能训练 ·············· 60
　小结 ·············· 62
　思考与练习题 ·············· 63

模块四　反馈放大电路 ·············· 66

　课题一　反馈的基本类型 ·············· 67
　课题二　反馈放大电路的四种组态 ·············· 69
　技能训练 ·············· 73
　小结 ·············· 77
　思考与练习题 ·············· 77

模块五　场效应晶体管及其特性 ·············· 80

　课题一　绝缘栅场效应晶体管 ·············· 81
　课题二　结型场效应晶体管 ·············· 84
　技能训练 ·············· 86
　小结 ·············· 88
　思考与练习题 ·············· 89

模块六　数字电路基础 ·············· 91

　课题一　数字电路概述 ·············· 92
　课题二　数制与码制 ·············· 93
　小结 ·············· 97
　思考与练习题 ·············· 97

模块七　逻辑代数基础 ·············· 99

　课题一　逻辑代数概述 ·············· 100
　课题二　逻辑代数基本运算 ·············· 100
　课题三　逻辑代数的公式和定律 ·············· 102
　课题四　逻辑函数的化简 ·············· 102
　小结 ·············· 107
　思考与练习题 ·············· 107

模块八　逻辑门电路 ················ 109

课题一　二极管逻辑门电路 ········ 110

课题二　CMOS 集成门电路 ········ 113

课题三　集成门电路 ············ 114

技能训练 ················ 116

小结 ··················· 120

思考与练习题 ············· 120

模块九　组合逻辑电路 ·············· 122

课题一　组合逻辑电路分析与设计 ······ 123

课题二　常用组合逻辑电路器件 ······ 125

技能训练 ················ 133

小结 ··················· 140

思考与练习题 ············· 140

模块十　触发器与时序逻辑电路 ········· 143

课题一　触发器 ············· 144

课题二　计数器 ············· 148

课题三　寄存器 ············· 150

课题四　存储器 ············· 151

课题五　信号的采集与转换 ········ 153

技能训练 ················ 158

小结 ··················· 160

思考与练习题 ············· 161

参考文献 ·················· 162

模块一

二极管及其基本电路

 **知识导入**

　　半导体器件是组成电子电路的主要器件，二极管作为半导体器件中最基础的电子器件，在很多领域都起着不可替代的作用。本模块简要地介绍了半导体的基础知识、PN结的形成及特点，介绍了二极管的结构、性能、种类，重点阐述了二极管电路基本原理和分析方法，为今后学习各种电子电路打下基础。

知识要求

　　1. 掌握PN结的组成及电特性。

　　2. 掌握二极管的结构和原理。

　　3. 了解几种常用的二极管：硅稳压二极管、发光二极管、光电二极管等。

　　4. 掌握电容器的结构、工作原理、应用特性。

　　5. 掌握常见的二极管应用电路（如整流、滤波、稳压电路等）的工作原理及分析方法。

　　6. 了解晶闸管结构，掌握晶闸管导通、关断条件。

　　7. 掌握可控整流电路的工作原理及分析方法。

技能要求

　　1. 会使用万用表检测二极管的好坏和判别极性。

　　2. 会正确分析整流滤波电路，并对一般故障进行排除。

　　3. 能制作简单的电子产品。

素养要求

　　培养严谨认真、精益求精的工匠精神。

参考学时

　　8学时

课题一 半导体基本知识

一、概述

电子技术中的常用元器件一般都是由半导体材料制作的，因而它们被称为半导体器件。半导体器件是 20 世纪 50 年代初发展起来的，其以体积小、质量小、功耗小、寿命长、可靠性高等优点获得了迅猛发展，在计算机、工业自动化检测、汽车、通信、航天等方面获得了广泛的应用。

随着汽车技术的发展以及各种高新技术在汽车上的广泛应用，汽车已经由一个传统的机械装置逐渐演变为一个集机械、电子、计算机、控制、通信等技术于一体的复杂系统。这一演变过程也被称为汽车电子化，相关的技术常被通称为汽车电子技术。

据国内外分析，汽车上的技术创新，80% 左右与汽车电子技术有关。20 世纪 60 年代的主要标志性技术是交流发电机采用的二极管整流技术，它将交流电变为直流电，减小了发电机的质量和体积，提高了发电机的可靠性。20 世纪 70 年代发展的技术主要应用在点火系统中，出现了电子控制高能点火系统和点火提前的电子控制系统，这些技术使点火能量得到很大提高，电子点火系统代替了机械式的点火断电器触点，点火提前控制更加精确，提高了汽车的动力性，减少了排放污染。20 世纪 80 年代以后，汽车应用的电子装置越来越多，如为了减少内燃机有害气体的排放，采用了包括氧传感器的电子调节系统；为了提高汽车舒适性，采用了车内气候调节系统、汽车行驶导航调节系统；为了提高汽车安全性，采用了防抱死制动系统和安全气囊等。汽车上还安装了驾驶辅助装置、安全警报装置、通信设备、娱乐装置等。计算机技术的发展，更给汽车电子控制技术带来了一场技术革命，使汽车不仅更安全、环保，而且更方便、舒适。

目前，在汽车产业方面，随着新一轮科技革命和产业变革深入发展，我国总体水平处于国际领先地位，自主品牌市场份额逐年提高，关键零部件供给能力明显增强，新能源汽车产业体系日渐完善，电池、电机、电控及整车具有较强的国际竞争力，这为智能汽车的发展奠定了坚实的基础。在网络通信方面，我国互联网、信息通信等领域涌现一批世界级领军企业，移动通信和互联网运营服务能力位居世界前列，也为智能汽车发展积蓄了重要力量。随着智能汽车、智能驾驶乃至智能交通的全面发展，我国交通也将逐渐实现智能化管理，而拥堵、停车难、排放和能源消耗等问题将大为改善，交通将更绿色低碳。

二、半导体及其特性

半导体在导体与非导体之间居特殊的地位。半导体的导电性能与温度、压力、照射的光强度有关，也与半导体中外部原子（掺杂）的数量有关。

我们把导电能力介于导体和绝缘体之间的物体称为半导体。常用的半导体材料有硅、锗、硒、砷化镓以及大多数金属氧化物等。半导体中参与导电的粒子有两种：带正电荷的空穴和带负电荷的自由电子，它们统称为载流子。由于纯净的硅和锗（称为本征半导体）晶体具有稳定的共价键结构，受热激发产生的载流子的数目很少，故导电能力较弱。

半导体之所以得到广泛的应用，其原因不仅在于它的导电能力介于导体和绝缘体之间，

更在于它的导电能力在不同条件下有很大的差异。例如，半导体的导电能力随温度升高而显著地增强。而绝大多数导体的导电能力，均随温度升高而有所下降。此外，半导体的导电能力力还随它与所掺入的有用杂质、光线照射、电场、磁场等产生作用而发生显著的变化。总之，半导体就是一种在外界条件下有时导电，有时几乎不能导电，容易与热、光、电、磁和杂质等产生作用而改变其导电能力的一种固体材料。

（1）杂敏特性　杂敏特性是半导体最显著的特点。掺入的杂质影响电子的数量和种类。纯净的半导体称为本征半导体。锗和硅是两种最常用的半导体，它们最外层都有四个价电子，处于半稳定状态，其导电性介于导体和绝缘体之间。硅原子结构和晶体结构如图 1-1 所示。

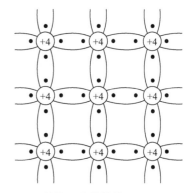

图 1-1　硅原子结构和晶体结构

1）P 型半导体。P 型半导体是在四价元素硅半导体中掺入微量三价元素，如硼或铝等杂质（硼原子最外层有三个价电子），当其构成共价键时，将因缺少一个电子而形成一个空穴。P 型半导体共价键结构如图 1-2 所示。这样，在杂质半导体中形成大量空穴，空穴导电成为其主要导电方式，故称这种杂质半导体为 P 型半导体（空穴型半导体）。在 P 型半导体中，空穴是多数载流子，而自由电子是少数载流子。

2）N 型半导体。N 型半导体是在四价元素硅半导体中掺入微量五价元素，如磷或砷等杂质（磷原子最外层有五个价电子），当硅晶体中某些位置上的硅原子被磷原子替代后，只需要四个价电子参与共价键结构，多余的一个价电子很容易挣脱磷原子核的束缚而成为自由电子。N 型半导体共价键结构如图 1-3 所示。这样，可以使自由电子的浓度大大提高，成为半导体中的多数载流子（简称多子），而空穴成为少数载流子（简称少子）。这种以自由电子导电为主的杂质半导体称为 N 型半导体（电子半导体）。

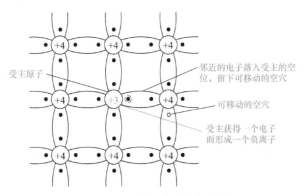
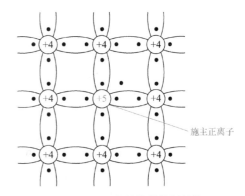

图 1-2　P 型半导体共价键结构　　　　　图 1-3　N 型半导体共价键结构

实验表明，在纯净的本征半导体中掺入百万分之一的有用杂质，可以使载流子的浓度增加近一万倍，其导电能力显著提高。半导体的基本原理是控制和局部调节掺入到半导体中的起电作用的"杂质"来改变半导体的导电性能。硅掺入杂质后的电导率为 $10^{-2}\sim10^4\mathrm{S/cm}$。

（2）热敏特性 温度可明显地改变半导体的电导率，它影响电子的数量和活泼性。利用这一特性，可制作自动检测系统中的热敏元件，如汽车油箱和水箱中进行温度检测的热敏电阻。但另一方面热敏特性使半导体的热稳定性下降，因此，在半导体构成的电路中常采用温度补偿及稳定参数等措施增强半导体的热稳定性。

（3）光敏特性 光照（曝光）不仅可改变半导体的电导率，还可以产生电动势，它影响电子的数量。利用这一特性，可制作光敏电阻，光电晶体管、光电池等。光敏电阻可用于汽车前照灯的自动变光器电路中；光电池已在空间技术中得到广泛应用，在人类利用太阳能领域有广阔的前景。

本征半导体经过不同掺杂和工艺处理后就呈现以上的特性，可以利用这些特性制作不同功能的汽车电子元件和汽车传感器。杂质半导体的特性及应用见表1-1。

表1-1 杂质半导体的特性及应用

序号	特性	电器名称	电工电子在汽车中的应用（非电量转换成电量）
1	磁敏特性	霍尔式传感器	将磁场强度信号转变成电信号
2	热敏特性	温度传感器	将温度信号转变成电信号
3	压敏特性	进气压力传感器	将压力信号转变成电信号
4	光敏特性	光强传感器	将光强度信号转变为电信号
5	气敏特性	氧传感器	将气体浓度信号转变为电信号

课题二 PN 结的形成及特性

一、PN 结的形成

PN 结如图 1-4 所示。P 型半导体和 N 型半导体采用一定的工艺措施紧密地结合在一起就组成了 PN 结。由于 N 区电子浓度远大于 P 区，P 区空穴浓度远大于 N 区，因此 N 区的电子要穿过交界面向 P 区扩散，P 区的空穴也要穿过交界面向 N 区扩散。

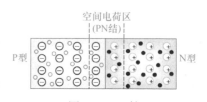

图 1-4 PN 结

扩散的结果是在交界面形成一个薄层区，在该薄层区内，N 区的电子已跑到 P 区，N 区留下了带正电的原子，形成 N 区带正电；P 区的空穴已被电子填充，P 区留下了带负电的原子，形成 P 区带负电。该薄层区称为空间电荷区，因其具有特殊的性质，因此称为 PN 结。PN 结两边类似已充电的电容器，形成由 N→P 的内电场。PN 结内基本上已没有载流子，故又称为耗尽层，它具有很高的电阻率。显然这个内电场形成后将阻碍多数载流子的扩散运动；同时，内电场又使 P 区少数载流子（电子）向 N 区运动；使 N 区少数载流子（空穴）向 P 区运动。这种少数载流子在内电场作用下的运动称为漂移运动。扩散运动和漂移运动是同时存在的一对矛盾，开始形成 PN 结时，多数载流子的扩散是矛盾的主导，随着扩散运动的进行，PN 结不断增宽，内电场增强，此时扩散运动减弱，而漂移运动越来越强，在一定温度时，最终扩散、漂移运动达到动平衡，PN 结处于相对稳定状态，PN 结之间再没有定向电流。

二、PN 结的导电特性

（1）PN 结加正向电压（简称正偏）　　PN 结正偏如图 1-5a 所示，它是将电源串联电阻后正极接于 P 区，负极接于 N 区，这时称 PN 结外加正向电压。在正向电压作用下，PN 结中的外电场和内电场方向相反，扩散运动和漂移运动的平衡被破坏，内电场被削弱，使 PN 结变窄，多数载流子的扩散运动大大地超过了少数载流子的漂移运动，多数载流子很容易越过 PN 结，形成较大的正向电流，PN 结呈现的电阻很小，因而处于导通状态。串联电阻是为了防止电流过大而烧毁 PN 结。

PN结导电特性

（2）PN 结加反向电压（简称反偏）　　PN 结反偏如图 1-5b 所示，它是将电源串联电阻后正极接于 N 区，负极接于 P 区，这时称 PN 结外加反向电压，或称 PN 结反向接法。此时外电场和内电场方向一致，内电场增强，使 PN 结加宽，对多数载流子扩散运动的阻碍作用加强，多数载流子几乎不运动，但是，增强了的内电场有利于少数载流子的漂移运动，由于少数载流子的数量很少，只形成微小的反向电流，PN 结呈现的反向电阻很大，因此处于截止状态。反向电流对温度非常敏感，温度每升高 8～10℃，少数载流子形成的反向电流将增大 1 倍。

PN 结正向连接时，PN 结导通，正向电阻很小。PN 结反向连接时，PN 结截止，反向电阻极大。PN 结特有的这种单向导电特性，正是各种半导体器件的基本工作原理。

注意

为限制 PN 结中流过的电流过大，电路中要串联限流电阻。

结论：PN 结具有正向导通、反向截止的单向导电性。

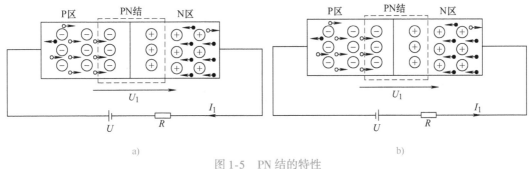

图 1-5　PN 结的特性

a）PN 结正偏　b）PN 结反偏

课题三　二　极　管

一、二极管的结构

二极管实际上是由一个 PN 结加两个引出电极和外壳制成的（图1-6）。二极管由 P 区引出的电极称为阳极或正极，由 N 区引出的电极称为阴极或负极。实际应用中，为了避免二极管极性接错，常常在管壳表面标记色点、色圈（通常为白色）。

二、二极管的伏安特性

二极管实质上就是一个 PN 结，当在其两端分别加上正反向电压，并逐点测量流过其中

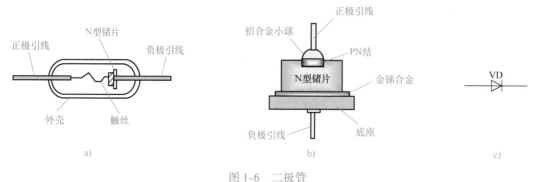

图 1-6　二极管

a）点接触型二极管　b）面接触型二极管　c）图形符号

的电流，就可以描绘出反映二极管两端电压和流过其中的电流之间关系的曲线图，该曲线图称为二极管的伏安特性。二极管的伏安特性一般可用实验方法测出，也可在产品说明书和有关手册中直接查到。

图 1-7 所示为测量二极管伏安特性的电路图。当测正向伏安特性时，将开关 S、S′ 与 1、1′ 相接；当测反向伏安特性时，将开关 S、S′ 与 2、2′ 相接。

根据测量结果绘制出的二极管的伏安特性曲线如图 1-8 所示。

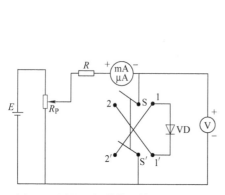

图 1-7　测量二极管伏安特性的电路图

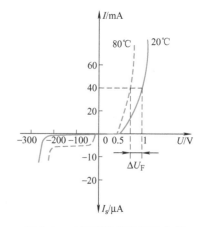

图 1-8　二极管的伏安特性曲线

1. 正向特性

由图 1-8 可见，对某一给定的二极管，当外加的正向电压低于一定值时，其正向电流很小，几乎为零。而当正向电压超过此值时，正向电流增长很快，二极管正向导通，相当于开关闭合。这个正向电压的定值通常被称为"死区电压"，其大小与材料及环境温度有关。

2. 反向特性

由图 1-8 可见，当外加电压为负时（即加以反向电压），反向电流很小，二极管反向截止，相当于开关断开。当外加电压过高，超过某一值时，则反向电流将急剧增大，二极管失去了单向导电性，这种现象称为反向击穿，此时的反向电压称为反向击穿电压。

三、二极管的主要参数

二极管的特性除用伏安特性曲线表示外，还可用它的参数来说明，二极管的主要参数如下。

1. 最大整流电流 I_{FM}

最大整流电流是指二极管长时间使用时，允许通过的最大正向平均电流。使用时工作电流要小于这个电流，否则，电流过大，将有可能烧坏二极管。

2. 最高反向工作电压 U_{RM}

最高反向工作电压是指允许加在二极管两端的最大反向电压，最高反向工作电压一般为击穿电压的一半或三分之二。

3. 最高反向电流 I_R

最高反向电流是指当二极管加最高反向工作电压时的反向电流，此值越小，则二极管的单向导电性就越好。其值随着温度的上升而显著增加。

4. 最高工作频率 f_M

最高工作频率是指保证二极管具有单向导电作用的最高工作频率。当工作频率过高时，二极管的单向导电性能就会变差，甚至失去单向导电性。点接触型锗二极管的最高工作频率可达数百兆赫兹，而面接触型硅整流二极管，其最高工作频率只有 3kHz。

 相关链接

1. 一般来说，硅二极管的死区电压约为 0.5V，锗二极管的死区电压约为 0.2V。

2. 当二极管正向电压超过死区电压后，正向电流变化很大，而电压的变化极小，硅二极管为 0.6~0.7V，锗二极管为 0.2~0.3V。通常认为二极管正向导通后电压固定在某个值，这个值被称为导通电压。通常统一取硅二极管的导通电压为 0.7V，锗二极管的导通电压为 0.2V。

3. 二极管反向截止时，其两端电压约等于电源电压。

4. 一般的二极管反向击穿后将因反向电流过大而损坏。各类二极管的反向击穿电压大小不等，通常为几十伏到几百伏，最高可达千伏以上。

四、二极管的类型

1. 根据构造分类

二极管主要是依靠 PN 结工作的。与 PN 结不可分割的点接触型二极管和肖特基二极管，也被列入一般的二极管范围内。包括这两种型号在内，根据 PN 结构造面的特点，二极管分类如下：

（1）点接触型二极管 该二极管 PN 结的静电容量小，适用于高频电路，不能用于大电流的整流电路。因其构造简单，所以价格便宜。对于小信号的检波、整流、调制、混频和限幅等一般用途而言，它是应用范围较广的类型。

（2）键型二极管 该二极管正向特性特别优良，多用作开关，有时也被应用于检波和

电源整流（不大于50mA）电路。在键型二极管中，熔接金丝的二极管有时被称金键型，熔接银丝的二极管有时被称为银键型。

（3）合金型二极管 该二极管正向导通压降小，适用于大电流整流电路。因其PN结反向时静电容量大，所以不适于高频检波和高频整流电路。

（4）扩散型二极管 该二极管因PN结正向导通压降小，适用于大电流整流电路。最近，使用大电流整流器的主流已由硅合金型转变为硅扩散型。

（5）台面型二极管 该二极管大电流整流用的产品型号很少，而小电流开关用的产品型号却很多。

（6）平面型二极管 该二极管PN结合的表面由于被氧化膜覆盖，因此稳定性好且寿命长。它用于大电流整流的型号很少，而用于小电流开关的型号则很多。

（7）合金扩散型二极管 该二极管适宜制造高灵敏度的变容二极管。

（8）外延型二极管 该二极管因能随意地控制杂质的不同浓度的分布，故适宜制造高灵敏度的变容二极管。

（9）肖特基二极管 该二极管开关速度非常快，反向恢复时间特别短，因此，能制作开关二极管和低压大电流整流二极管。

2. 根据用途分类

（1）检波用二极管 就原理而言，从输入信号中取出调制信号即为检波。通常以整流电流的大小（100mA）作为界线，把输出电流小于100mA的称为检波。点接触型锗二极管的工作频率可达400MHz，正向压降小，PN结电容小，检波效率高，频率特性好。类似点触型检波用的二极管，除用于检波外，还能够用于限幅、削波、调制、混频、开关等电路。

（2）整流用二极管 就原理而言，从输入交流电中得到输出的直流电即为整流。通常以整流电流的大小（100mA）作为界线，把输出电流大于100mA的称为整流。整流用二极管最高反向工作电压按照25～3000V分A～X共22档。其中常用的二极管型号有：① 硅半导体整流二极管2CZ型；② 硅桥式整流器QL型；③ 用于电视机高压硅堆工作频率近100kHz的二极管2CLG型。

（3）限幅用二极管 大多数二极管能用于限幅，也有保护仪表和高频齐纳管的专用限幅二极管。这些二极管为了具有特别强的限制尖锐振幅的作用，通常使用硅材料制造的。也有依据限制电压的需要，把若干个必要的整流二极管串联起来形成一个整体的组件。

（4）调制用二极管 调制用二极管通常指的是环形调制专用的二极管，它是正向特性一致性好的四个二极管的组合件。其他变容二极管也有调制用途，但它们通常是直接用于调频。

（5）混频用二极管 使用二极管混频方式时，在500～10000Hz的频率范围内，多采用肖特基二极管和点接触型二极管。

（6）放大用二极管 放大用二极管通常是指隧道二极管、体效应二极管和变容二极管。

（7）开关用二极管 开关二极管适用于在小电流下（10mA程度）进行逻辑运算和在数百毫安下进行磁芯激励。小电流的开关用二极管通常有点接触型和键型等二极管，也有在高温下还能工作的硅扩散型、台面型和平面型二极管。开关用二极管的特点是开关速度快。而肖特基二极管的开关时间特别短，因而是理想的开关二极管。

五、二极管的测量

1. 电压测量

通过对二极管两端电压的测量可判断其是否处于导通状态，二极管的电压测量如图1-9所示。正向使用时二极管两端测得的电压为0.7V，反向使用时二极管两端测得的电压为12V（蓄电池电压）。

2. 电阻测量

用一个万用表的欧姆档可以检查二极管，二极管的电阻测量如图1-10所示。一个完好的二极管在导通方向上电阻为几欧姆或几百欧姆，在阻流方向上为几千欧姆或几兆欧姆，电阻值取决于二极管的结构和尺寸。

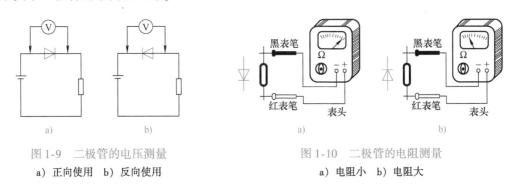

图1-9　二极管的电压测量

a) 正向使用　b) 反向使用

图1-10　二极管的电阻测量

a) 电阻小　b) 电阻大

课题四　特殊类型的二极管

一、发光二极管（LED）

发光二极管简称LED，通常用元素周期表中Ⅲ、Ⅴ族元素的化合物制成。这种二极管在正偏时由于其内有小的透镜，使得电流通过时能看到光。根据材料的不同，LED可发出红、黄、绿、蓝等颜色的光。发光二极管外形及电路符号如图1-11所示。

与标准硅二极管相似，LED有一个恒定的导通电压。然而，其导通电压通常比标准二极管的导通电压更高，而正是导通电压的值定义了光的颜色，12V汽车上不同颜色发光二极管阈值电压见表1-2。

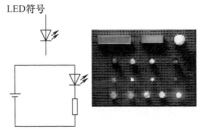

图1-11　发光二极管外形及电路符号

表1-2　12V汽车上不同颜色发光二极管阈值电压

LED	阈值电压/V
红外（IR）	约1.4
红光	1.6～1.8
橙光	约2.0
黄光	约2.2
绿光	约2.4
蓝光	3～4

相关链接

　　发光二极管因为比普通灯泡体积小、寿命长、工作电压低、工作电流小（几毫安或几十毫安），反应速度快，所以在汽车电路中随处可见，除主要应用在仪表板上作为指示信号灯以外（如空调指示灯），还可作为警告信号灯。比如当液体液面过低，制动蹄片过薄，制动灯、尾灯、前照灯等烧坏时，相应的发光二极管就会被接通发光，发出警告指示。发光二极管在使用时必须串接限流电阻。

二、稳压管（齐纳二极管）

　　稳压管也称齐纳二极管，它是一种特殊工艺制成的面接触型的硅二极管，其正向特性曲线与普通二极管类似，只是反向击穿特性曲线很陡。齐纳二极管工作特性如图 1-12 所示。

　　正常情况下稳压管就工作在反向击穿区。从反向特性曲线上可以看到，当反向电压达到击穿电压时，反向电流突然增大，稳压管被反向击穿，但这种击穿不是破坏性的，只要在电路中串联一个合适的限流电阻，就能使稳压管工作在反向击穿状态而不会遭到永久性的破坏（称为电击穿）。电击穿状态下，通过一般二极管的电流可在较大的范围内变化，而稳压管两端的反向电压几乎不变。利用这一特性，可使稳压管在电路中起到稳压作用。

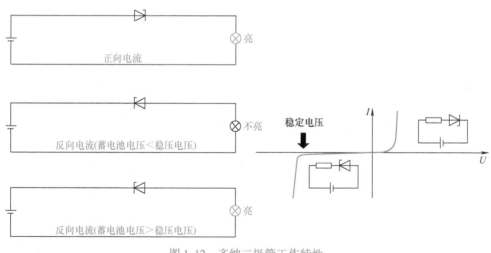

图 1-12　齐纳二极管工作特性

　　稳压管的主要参数如下。

1. 稳定电压 U_Z

　　稳定电压是稳压管在正常工作时，管子两端的电压。电子器件手册上给出的稳定电压值是在规定的工作电流和温度下测试出来的。由于制造工艺的分散性，同一型号的稳压管其稳定电压值可能有所不同，但每一个稳压管的稳定电压值是一定的。如 2CW14 的 U_Z 为 6 ~ 7.5V，即有的稳压管稳定电压在 6V，也有的稳压管稳定电压在 7.5V。

2. 稳定电流 I_Z

稳定电流是指稳压管工作至稳压状态时流过的电流。工作电流小于最小稳定电流 $I_Z(\min)$ 时，稳压管失去稳压作用；大于最大稳定电流 $I_Z(\max)$ 时，稳压管因过电流造成热击穿而损坏。

3. 动态电阻 r_Z

动态电阻是指稳压管两端的电压变化量与相应的电流变化量的比值，即

$$r_Z = \frac{\Delta U_Z}{\Delta I_Z}$$

显然，稳压管的反向伏安特性曲线越陡，则动态电阻越小。

相关链接

在汽车的仪表电路和部分电子控制电路中，一些需要精确电压值的地方常利用稳压管来稳压或限定电压峰值。例如发动机 ECU 内的稳压管可以使输出电压稳定在 5.1V，保证了发动机电控系统的正常工作；发电机电压调节器中的稳压管主要用来限制电压峰值，保证发电机输出电压的稳定。

稳压管在使用时应与被稳压元件并联。在干路上需串联一个限流电阻。

三、光电二极管

光电二极管的结构、符号及特性示意图如图 1-13 所示，它的结构与标准二极管类似，使用时，其 PN 结工作在反偏状态，在光的照射下，反向电流随照度的增加而上升（这时的反向电流称为光电流），所以，光电二极管是一种将光信号转换为电信号的半导体器件。

相关链接

光电二极管常用于汽车空调上的日照强度传感器、刮水器系统中的雨滴传感器、自动灯光系统上的光敏传感器等。

四、雪崩二极管

雪崩二极管是当反偏电压超过临界击穿电压时反向导电的二极管，它在运转时与稳压二极管相似。不过与稳压二极管不同，雪崩二极管的击穿是由雪崩引起。当反向电场跨过 PN 结运动时，会造成载流子倍增（就像雪崩一样），导致反向电流增大。雪崩二极管一般会设计一个不会造成破坏的定义明确的反向击穿电压，反向击穿电压一般在 6.2V 以上。雪崩二极管外形、符号、电路原理图如图 1-14 所示。

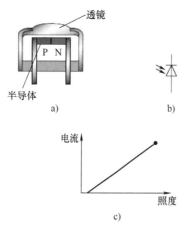

图 1-13　光电二极管的结构、符号及特性示意图
a）结构　b）符号　c）特性示意图

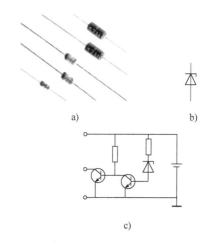

图 1-14　雪崩二极管外形、符号、电路原理图
a）外形　b）符号　c）电路原理图

相关链接

雪崩二极管通常用于汽车交流发电机。

五、钳位二极管

通过线圈的电流中断时，会产生冲击性过电压或电压尖脉冲。冲击是线圈周围的电磁场塌陷的结果。磁场穿过绕组的运动感应出一个非常高的电压尖脉冲，这种电压尖脉冲通过系统时会损坏电子元器件。在有些电路中，能使用电容器作为预防尖脉冲损坏器件的减振元件。在当今的复杂电气系统中，通常使用钳位二极管预防电压尖脉冲，与线圈并联安装一个钳位二极管，可以在电路断开期间提供对电流的旁路。

相关链接

在某些汽车空调压缩机离合器上会有一个钳位二极管。由于离合器通过电磁操作，断开离合器线圈会产生一个电压尖脉冲。如果该电压尖脉冲未加抑制，它可能损坏汽车车身 ECU。若在离合器线圈上反向并接一个钳位二极管，就能抑制电压尖脉冲到达 ECU。

继电器也可以装备有钳位二极管。不过，有些继电器使用电阻器来分散电压尖脉冲，这两种类型的继电器是不可互换的。

课题五　二极管的基本电路及其分析方法

一、整流概念

所谓"整流"指利用二极管的单向导电性将大小、方向都变化的交流电变换成单向脉动直流电。能完成整流任务的电子电路称为整流电路。根据交流电的相数，整流电路可分为单相整流电路与三相整流电路等；根据输出脉动直流电的波形，又可分为半波整流电路和全波整流电路。

1. 单相半波整流电路

单相半波整流电路的电路图如图 1-15a 所示。它是最简单的整流电路，由整流元件二极管及负载电阻组成。整流变压器将发电机产生的交流电压变换成汽车电路所需的直流电压，设整流变压器的二次电压为

$$u_2 = \sqrt{2}\,U_2 \sin\omega t$$

在后面的讨论中，二极管的正向导通压降都忽略不计。在 u_2 的波形为正半周时，二极管正向导通，负载电压为 $u_o = u_2$；在 u_2 的波形为负半周时，二极管反向截止，电路中电流为零，负载电压 $u_o = 0$，u 全部加在二极管两端。单相半波整流电路的波形图如图 1-15b 所示，由图 1-15b 可知，输出电压 u_o 仅为交流电源电压 u_2 的正半波，所以称为半波整流。

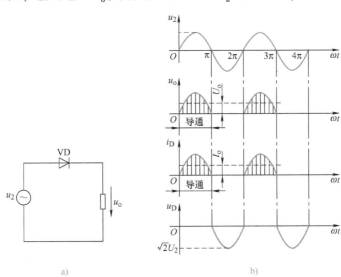

图 1-15　单相半波整流电路

a）电路图　b）波形图

半波整流电路直流输出电压的平均值 U_o 为

$$U_o = 0.45 U_2$$

流过负载和二极管的平均电流 I_o 为

$$I_o = I_D = \frac{U_o}{R_L} = 0.45\frac{U}{R_L}$$

二极管承受的反向峰值电压 U_{RM} 为

$$U_{RM} = \sqrt{2} U$$

半波整流电路虽然结构简单，所用元件少，但输出电压脉动大，整流效率低，只适用于要求不高的场合。

2. 单相桥式整流电路

单相桥式整流电路由 4 个整流二极管构成桥形，其电路图如图 1-16 所示。桥式整流电路要求所用的 4 个二极管的性能参数要尽可能一致，但市场上已有集成的整流桥供应，它把 4 个整流二极管做在一个集成块里，性能参数比较好。

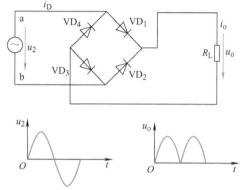

图 1-16　单相桥式整流电路

设交流电压为

$$u_2 = \sqrt{2} U_2 \sin\omega t$$

经过桥式整流后，输出电压的平均值 U_o 为

$$U_o = 0.9 U_2$$

通过负载的电流平均值 I_o 为

$$I_o = \frac{U_o}{R_L} = 0.9 \frac{U_2}{R_L}$$

由于每个二极管只有半个周期导通，所以通过各个二极管的电流的平均值为负载电流的一半，即

$$I_D = \frac{1}{2} I_o = 0.45 \frac{U_2}{R_L}$$

当二极管截止时，它所承受的最高反向电压

$$U_{RM} = \sqrt{2} U_2$$

由此可见，二极管最高反向电压就是变压器二次电压的最大值，二极管若正常工作，其最高反向工作电压应大于这个电压。

3. 车用整流器

为了将汽车三相发电机产生的交流电整流成直流电，目前在汽车上普遍采用的是由 6 个硅二极管组成的车用整流器，即三相桥式整流电路。它与单相桥式整流电路的区别在于用到了 6 个二极管，彼此互用，相当于 3 个单相桥式整流电路的组合，但它们的工作原理基本相似，都是利用了二极管的单向导电性将交流电变成直流电。

车用整流器的二极管分为正极管和负极管两种类型，其外形和符号如图 1-17 所示，引线和外壳分别是它们的两个电极。其中，正极管的外壳为负极，引出极为正极，在管壳底上一般标有红色标记；负极管的外壳为正极，引出极为负极，在管壳底上一般标有黑色标记。

在负极搭铁的硅整流发电机中，3 个正极管的外壳压装在散热板的 3 个座孔内，共同组成发电机的正极，由与发电机后端盖绝缘的整流板固定螺栓通至机壳外，作为发电机的相线接线柱 "B"（ " ＋ " " A " 或 "电枢" 接线柱）。3 个负极管的外壳压装在后端盖的 3 个孔内，和发电机外壳一起成为发电机的负极。车用整流器安装示意图如图 1-18 所示。

3 个正极管和 3 个负极管构成的整流电路称为三相桥式整流电路，它将发电机的交流电整流成 12V 的直流电。汽车交流发电机的整流电路及其整流波形如图 1-19 所示。

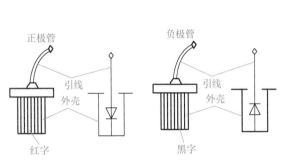

图1-17　车用整流器的二极管外形和符号

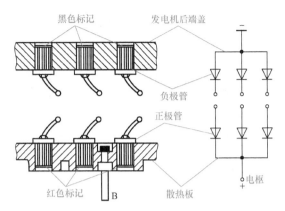

图1-18　车用整流器安装示意图

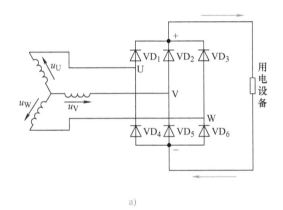

a)

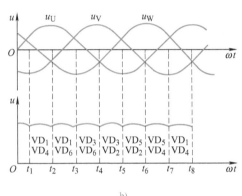

b)

图1-19　汽车交流发电机的整流电路及其整流波形

a) 整流电路　b) 整流波形

在图1-19a中，整流板上的3个正极管 VD_1、VD_2、VD_3 的正极分别接在发电机三相绕组 U、V、W 的首端。VD_1、VD_2、VD_3 分别在三相交流电的正半周导通，哪相电压最高，该相绕组的正极管先导通，其余正极管截止；后端盖上3个负极管 VD_4、VD_5、VD_6 的负极也分别接在发电机三相绕组的 U、V、W 的首端。VD_4、VD_5、VD_6 分别在三相交流电的负半周导通，哪相电压最低，该相绕组的负极管先导通，其余负极管截止。由上面分析可知，同时导通的二极管有两个（正极管、负极管各一个），它们总是将发电机的线电压加在负载（用电设备）两端，使负载两端得到一个比较平稳的脉动直流电压，该电压1个周期内有6个波纹，如图1-19b所示。

 相关链接

　　需要说明的是，有些汽车交流发电机为了实现提高发电功率、提高电压调节精度等功能，采用的整流电路有8管整流电路、9管整流电路和11管整流电路等。

【**例1-1**】 分析二极管限幅电路（图1-20）中二极管的作用。u_S是一个周期性的矩形脉冲电源，高电平幅值为 +5V，低电平幅值为 −5V，试分析电路的输出电压 u_o 为多少？

分析：当输入电压为 −5V 时，二极管反偏截止，此时电路可视为开路，输出电压 $u_o = 0$；当输入电压为 +5V 时，二极管正偏导通，导通时二极管电压降近似为零，故输出电压 $u_o \approx +5V$；显然输出电压 u_o 限幅在 0 ~ 5V 之间。

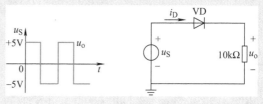

图 1-20　二极管限幅电路

【**例1-2**】 分析二极管续流电路（图1-21）中二极管的作用。

分析：一个通电的线圈，当突然断电时，就会在线圈中产生一个反向电动势，如果这个反向电动势加在电路中的其他元件上（一般是晶体管），就会引起元件的损坏。为了避免这种现象的出现，一般在线圈旁边并联一个二极管来吸收反向电动势，这种电路就是二极管续流电路，在图 1-21 中，二极管起到了对其他电子元件的保护作用，所以也称为保护二极管。

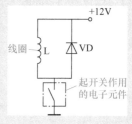

图 1-21　二极管续流电路

二、电容器及其应用

1. 电容器结构

电容器也简称电容，它能储存电荷。用两金属片，中间隔以电介质，从两个导体分别引出两根引线，即可组成电容器。电容器用字母 C 标示，电容器的结构、符号与实物如图 1-22 所示。

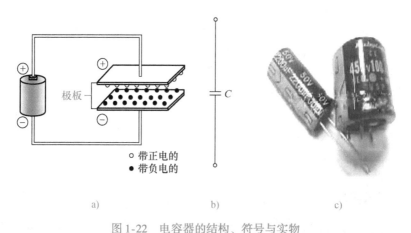

图 1-22　电容器的结构、符号与实物

a）结构　b）符号　c）实物

电容器的两极板间的电势差增加 1V 所需的电量，称为电容器的电容量，可表示为

$$C = \varepsilon \frac{S}{d}$$

式中 ε——极板间介质的介电常数，介质不同数值不同；

S——电容器极板面积（mm^2）；

d——两极板间的距离（mm）。

由上式可知，电容器的电容量与极板的面积成正比，与极板间的距离成反比，并与极板间的介质有关。电容量越大，充电后极板电压越高。在汽车中，电容器作为短期的电荷存储装置，用于稳定电压和抗干扰。可根据实际情况决定使用非极化或者是极化电容器。电容器可用于制作汽车制动压力传感器和侧向加速度传感器。

 电容量是表征两导体在单位电压作用下储存电荷的能力，只与导体形状尺寸以及中间介质有关。

电容量 C 的单位为法拉（F），实际应用中电容器的电容量一般小于1F。法拉单位之间的换算关系如下：

$$1F = 10^6 \mu F = 10^9 nF = 10^{12} pF$$

 非极化电容器的两个连接件是相同的，也就是说它们可以互换。非极化电容器可通过 DC 和 AC 电压驱动。非极化电容器的示意图如图 1-23 所示。

极化电容器的两个极板是不同的，且有一个正极连接件和一个负极连接件，这两个连接件千万不能互换。极化电容器千万不要通过 AC 电压驱动。极化电容器的示意图如图 1-24 所示。

图 1-23 非极化电容器的示意图

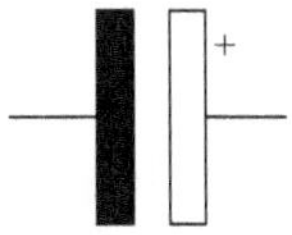

图 1-24 极化电容器的示意图

2. 电容器的原理及连接方式

（1）电容器的原理 将电容器与一个 DC 供电电源连接起来时，电荷就会开始移动。在两个导电板之间形成的作用范围称为电场。电容器充电后，即使供电电源仍保持着连接状态，也不再通过电流。切断供电电源后，电容器能发挥供电电源一样的作用。所以说，电容器能够存储电能。

（2）电容器的连接方式

1）电容器并联（图 1-25）。两个电容器并联时，所带电荷量为 $q_1 = C_1 U_1$，$q_2 = C_2 U_2$。则总电荷量为 $q = q_1 + q_2$，因各电容器上电压相等，电容器并联后的总电容量为各电容器电容量之和。并联连接电容器时电容量增大，所存储的电荷量亦随之增多。并联等效电容为

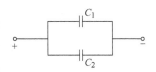

图 1-25 电容器并联

$$C = C_1 + C_2$$

【例1-3】　用电容器制作汽车制动压力传感器。

汽车制动压力传感器结构和电路如图1-26所示。其原理是：在其他因素不变的条件下，电容量由两极板间间隙决定，电容器可吸收一定量的电荷。电容器其中一个极板被固定，另一个可在压力作用下移动。当压力作用在可移动极板上时，两极板间间隙变小，电容量增大；压力降低时，两极板间间隙增大，电容量减小。该传感器通过电容量变化，指示压力变化。

初始时 $C_1 = C_2$，电桥平衡，输出电压 $U_0 = 0$；当 C_1 变化时，电桥不平衡，输出电压的大小与电容量的变化成正比。

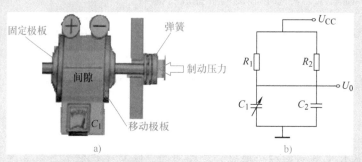

图1-26　汽车制动压力传感器结构和电路

a) 结构　b) 电路

2）电容器串联（图1-27）。两个电容器串联时，所带电荷量为

图1-27　电容器串联

$$q_1 = C_1 U_1, q_2 = C_2 U_2$$

因电荷量相等，$q = q_1 = q_2$，各电容器上电压之和为总电压，即 $U = U_1 + U_2$，总电容量小于最小的单个电容量。串联等效电容量为

$$\frac{1}{C} = \frac{1}{C_1} + \frac{1}{C_2}$$

　电容器串联之后，总电容量变小；电容器的电压 U 与电容量 C 成反比，电容量小的承受的电压高。只有当电压较高时，才采取串联连接电容器的连接方式。

【例1-4】　汽车侧向加速度传感器结构和电路如图1-28所示。其原理是：两个串联电容器，中间极板可在作用力下运动。电容可吸收一定量的电荷。只要没有侧向力作用在中间极板上，则两电容器间隙保持恒定，电容量相等。中间极板在侧向力作用下，其中一个电容器间隙增加，另一个减小，串联电容器的电容量也随之改变。最终，电荷量的改变反映了侧向力的大小和方向。

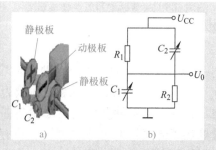

图1-28　汽车侧向加速度传感器结构和电路

a) 结构图　b) 电路

3. 电容器的特性

电容器的主要特性如下：

1）电容器不消耗任何功率。所有储存在电容器中的电压在电容器放电时返回给电路。

2）电容器可以区别对待交流和直流信号，具有隔断直流，传导交流的作用。

4. 电容器的分类及标注方法

（1）电容器的分类

1）按是否极化分：分为极化电容器和非极化电容器。非极化电容器有钽电容器、瓷片介质电容器、贴片电容器；极化电容器有电解电容器和贴片电解电容器。

2）按照结构分：分为固定电容器、可变电容器和微调电容器。

3）按用途分：分为高频旁路电容器、低频旁路电容器、滤波电容器、调谐电容器、高频耦合电容器、低频耦合电容器、小型电容器。

4）按制造材料的不同分：分为瓷介电容器、涤纶电容器、电解电容器、钽电容器，还有先进的聚丙烯电容器等。

每一种电容器都有它的耐压值。一般非极化电容器的标称耐压值比较高，有 63V、100V、160V、250V 等；极化电容器的耐压值相对比较低，一般标称耐压值有 4V、6.3V、10V、25V、50V 等。电容器的分类如图 1-29 所示。

（2）电容器的标注方法 电容器的标注方法有三种：直标法、数标法和色标法。

1）直标法：体积容量大的电解电容器其电容量和耐压值在电容器上直接标明，如：$22\mu F/400V$。

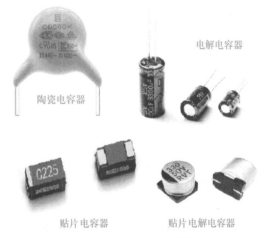

图 1-29 电容器的分类

2）数标法：一般用三位数字表示电容量大小，前两位表示有效数字，第三位数字是倍率，单位为 pF。如小电容量的瓷片电容器就用三位数字表示，如 103 表示 $10 \times 10^3 pF = 0.01\mu F$，524 表示 $52 \times 10^4 pF = 0.52\mu F$。

3）色标法：极化电容器上面有标志的灰块为负极。在印制电路板（PCB）上电容器位置处有两个半圆，涂颜色的半圆边的引脚为负极（有的是用引脚长短来区分正负极，长脚为正，短脚为负）。

5. 电容器的应用

（1）电容器的充放电

1）充电：RC 充电电路如图 1-30 所示，当电容器接在直流电路中时，S 合上后，由于电容器中间是绝缘物，不会有电流通过（$I = 0$），而上下极板与电源正负极分别相连，正负电荷就会集聚在电容

图 1-30 RC 充电电路

器的两个极板上，在两个极板间形成电压。随着时间的推移，电容器上的电压也由小到大，直到等于电源电压，此时 $U_C = U_S$，而电荷量为 $Q = CU_C$，充电结束。充电时，电容器电压相位滞后电流相位 90°。

2）储电：电容器相当于电源。如果把直流电源和电容器断开，此时电容器上便储存了电荷。当电容器两端的电压一定时，电容器的容量越大，它所储存的电荷量也越大。

3）放电：RC放电电路如图1-31所示，它是将带有电荷的电容器与电阻 R 相连接。当开关接通后，正电荷通过电阻与负极的负电荷中和，开始电流较大，$I = U_C/R$，随着电容器上电荷减少，电压 U_C 降低，电流也逐渐减小。最后电荷放完（$Q = 0$）电压 $U_C = 0$，电流为0，放电结束。

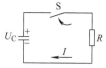

图1-31　RC放电电路

 电容器充电和放电是由一个稳定状态变到另一个稳定状态，它需要一个瞬态（暂态）过程。之所以需要瞬态过程，是因为电容器上电压不能突变。

电容器的工作方式就是充放电，因此，只有电容器的极板间电压发生变化时，电容器支路才有电流通过。电容器也是动态储能元件。任一瞬时，电容器电压与电流的关系为微分的动态关系，即

$$I = C \frac{\mathrm{d}u}{\mathrm{d}t}$$

（2）电容器在电路中的用途　电容器两端电压不能瞬变，且具有隔直流通交流、阻低频通高频的特性。电容器广泛应用在低频、高频、耦合、隔直、旁路、滤波、调谐、能量转换和自动控制等电路中。

在不同信号作用的电路中，所使用的电容器不同，一般使用规律如下：

1）高频旁路：陶瓷电容器、云母电容器、玻璃膜电容器、涤纶电容器、玻璃釉电容器。

2）低频旁路：纸介电容器、陶瓷电容器、铝电解电容器、涤纶电容器。

3）滤波电路：铝电解电容器、纸介电容器、复合纸介电容器、液体钽电容器。

4）调谐电路：陶瓷电容器、云母电容器、玻璃膜电容器、聚苯乙烯电容器。

5）低耦合电路：纸介电容器、陶瓷电容器、铝电解电容器、涤纶电容器、固体钽电容器。

（3）滤波电路　由于整流电路的输出电压为含有多种频率交流成分的脉动直流电压，为减少负载电压中的交流成分，还应在整流电路与负载之间接入滤波电路。滤波电路能滤除交流成分，使输出电压变得比较平滑。滤波电路通常由电容、电感元件组成。下面先介绍电容滤波电路。

电容滤波电路

在整流电路输出端与负载之间并联一个大电容量的电容器（图1-32a），即构成最简单的电容滤波器。其工作原理利用了电容器两端的电压在电路状态改变时不能跃变的特性。带电容滤波器的桥式整流电路如图1-32所示。

加了一个电容器后，当二极管导通时，电源一方面给 R_L 供电，一方面对电容器 C 充电。充电时，充电时间常数 $\tau_{充电} = 2R_{VD}C$，其中 R_{VD} 为二极管的正向导通电阻，其值非常小，充电电压 u_C 与上升的正弦电压 u_2 一致，$u_o = u_C \approx u_2$，当 u_C 充电到 u_2 的最大值 $\sqrt{2}U_2$（U_2 为变压器二次电压有效值），u_2 开始下降，且下降速率逐渐加快。当 $u_2 < u_C$ 时，4个二极管均截止，电容 C 经负载 R_L 放电，放电时间常数为 $\tau_{放电} = R_LC$，故放电较慢，直到负半周。当 $|u_2| > u_C$ 时，另外两个二极管（VD_2、VD_4）导通，再次给电容器 C 充电，当 u_C 充电到 u_2 的最大值，u_2 开始下降，且下降速度逐渐加快。当 $|u_2| < u_C$ 时，4个二极管再次截止，电容

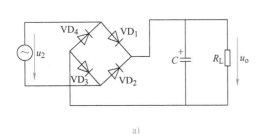

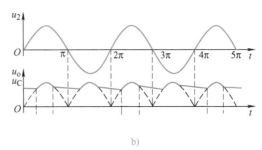

图 1-32 带电容滤波器的桥式整流电路

a）电路 b）输出电压

器 C 经负载 R_L 放电，重复上述过程。有电容滤波器后，负载两端输出电压如图 1-32b 所示。

由上述讨论可见，电容器放电时间常数为 $\tau_{放电} = R_L C$，即输出电压的大小和脉动程度与负载电阻直接相关。若 R_L 开路，即输出电流为零，电容器 C 无放电通路，一直保持最大充电电压 $\sqrt{2}U_2$；若 R_L 很小，放电时间常数很小，输出电压几乎与没有滤波一样。因此，电容滤波器的输出电压在 $0.9U_2 \sim 1.2U_2$ 范围内波动，在工程上一般采用估算公式

$$U_o \approx 1.2U_2$$

加入电容器 C 是为了得到较好的滤波效果，单相桥式整流电路要求放电时间常数 $\tau_{放电}$ 应大于 u_2 的周期 T，一般选取

$$(3 \sim 5)\frac{T}{2}$$

把电容、电感适当地组合，可组成复式滤波电路，能更好地完成滤波任务。复式滤波电路如图 1-33 所示。

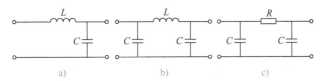

图 1-33 复式滤波电路

a）LC 滤波电路 b）CLC 滤波电路 c）CRC 滤波电路

相关链接

在负载 R_L 一定的情况下，电容器 C 常选用容量为几十微法以上的电解电容器。电解电容器有极性，接入电路时不能接反。电容器的耐压值应大于 $\sqrt{2}U_2$。选择滤波用电容器时，其耐压值应大于它实际工作时所承受的最大电压，一般取 $(1.5 \sim 2)U_2$。

加入电容滤波器后，对整流二极管的整流电流选择放宽，最好是原来的两倍，即 I_{VD} 大于等于输出电流 I_0。

三、三端集成稳压器

1. 集成稳压器简介

利用半导体工艺将串联型稳压电路做在一块芯片上，就成为一个集成稳压器。集成稳压器不仅体积小、价格低、使用方便，而且工作可靠、稳定精度高。集成稳压器的类型很多，按输出电压是否可调分为固定和可调两种形式；按引出端子数分为三端固定式、三端可调式、四端可调式和多端可调式等。下面就以常用的 W7800 系列和 W7900 系列为例来介绍一下三端固定式集成稳压器。

三端固定式集成稳压器只有输入、输出和公共端三个引出端，因此称为三端稳压器，W7800 系列为正电压输出，W7900 系列为负电压输出。输出电压由具体型号的后两位数字表示，其输出电压有 5V、6V、8V、12V、15V、18V、24V 共七个档次。而额定输出电流以78（79）后面的字母来区分。L 表示 0.1A，M 表示 0.5A，无字母表示 1.5A。例如 W7808 表示输出电压为 8V，W7915 表示输出电压为 –15V，其输出电流均为 1.5A。三端固定式集成稳压器的图形符号如图 1-34 所示。

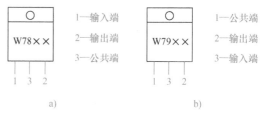

图 1-34　三端固定式集成稳压器的图形符号

a）正电压输出　b）负电压输出

2. 基本稳压电路

三端集成稳压器内部设有比较完善的保护电路，它具有过电流、过电压和过热的保护。由它构成的稳压电路结构有多种。下面介绍最基本的稳压电路和同时输出正、负电压的电路。

三端集成稳压器基本稳压电路如图 1-35 所示，图 1-35a 是固定正电压输出电路，图 1-35b 是固定负电压输出电路。由图可见，经过整流、滤波后的直流电压 U_i 加在稳压器的输入端和公共端之间，在输出端和公共端之间便可得到稳定的直流电压 U_o。输入电容 C_1 的作用是防止自激振荡，一般取 0.33μF；输出电容 C_2 的作用是改善输出特性，其典型取值约 0.1μF。为了使稳压器正常工作，其输入电压 U_i 至少比输出电压 U_o 高 2~3V。

3. 三端集成稳压器的应用

可同时输出正负电压的电路如图 1-36 所示，电路用一个 W7800 系列三端集成稳压器和一个 W7900 系列三端集成稳压器连接，可同时输出正、负对称的电压。这种对称双电源在实际中应用很多。

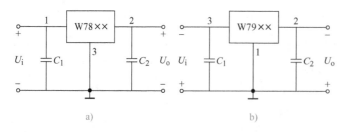

图 1-35　三端集成稳压器基本稳压电路

a）固定正电压输出电路　b）固定负电压输出电路

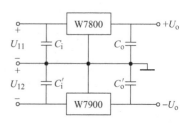

图 1-36　可同时输出正负电压的电路

课题六　晶　闸　管

一、晶闸管的结构

晶闸管是一种大功率的半导体器件，是 P1N1P2N2 四层三端结构元件，共有三个 PN 结（J_1、J_2、J_3），分析原理时，可以把它看作由一个 PNP 管和一个 NPN 管所组成，晶闸管结构变换过程如图 1-37a 所示。由最外的 P1 层和 N2 层引出两个电极，分别为阳极 A 和阴极 K，由中间的 P2 层引出门极 G。图 1-37b 是晶闸管的符号，其文字符号常用 V（或 VT）来表示。

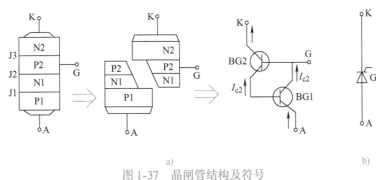

图 1-37　晶闸管结构及符号

a）晶闸管结构变换过程　b）符号

二、工作条件

为了说明晶闸管的导电原理，可按晶闸管工作条件实验电路（图 1-38）做一个简单的实验。

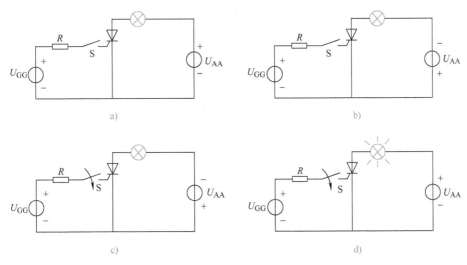

图 1-38　晶闸管工作条件实验电路

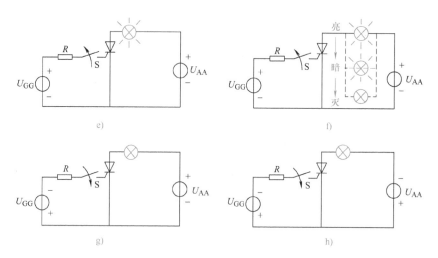

图 1-38　晶闸管工作条件实验电路（续）

a）正向阻断　b）反向阻断　c）仍然反向阻断　d）正向导通
e）仍然正向导通　f）正向关断　g）反向触发截止　h）仍然反向触发截止

1）晶闸管阳极经灯泡接直流电源的正端，阴极接电源的负端，此时晶闸管承受正向电压。门极电路中开关 S 断开（不加电压），如图 1-38a 所示。这时灯不亮，说明晶闸管不导通，即处于正向阻断状态。

2）晶闸管的阳极和阴极加反向电压，如图 1-38b、图 1-38c 所示，无论门极加不加电压，灯都不亮，晶闸管截止。这种情况称晶闸管处于反向阻断状态。

3）晶闸管的阳极和阴极间加正向电压，门极相对于阴极加正向电压 U_{GG}，如图 1-38d 所示。这时灯亮，说明晶闸管导通，即处于正向导通状态。如果门极加反向电压，晶闸管阳极电路无论加正向电压还是反向电压，晶闸管都不导通。

4）晶闸管导通后，如果去掉门极上的电压（图 1-38e），灯仍然亮。这表明晶闸管除去触发信号后继续导通，即晶闸管一旦导通后，门极就失去了作用。

5）在晶闸管导通的情况下，当阳极和阴极间的电压（或电流）减小到一定程度时（图 1-38f），切除主信号后，晶闸管才能从导通变为关断状态。

6）晶闸管的门极加反向电压，无论阳极和阴极加正向还是反向电压，如图 1-38g、图 1-38h 所示，灯都不亮，说明晶闸管反向触发是截止的。

从上述实验可以看出，晶闸管导通必须同时具备两个条件：① 晶闸管阳极电路加正向电压；② 门极电路加适当的正向电压（实际工作中，门极加正触发脉冲信号）。

综上所述，晶闸管是一个可控的单向导电开关。它与具有一个 PN 结的二极管相比，其差别在于晶闸管正向导电受控制极电流的控制；与具有两个 PN 结的晶体管相比，其差别在于晶闸管对门极电流没有放大作用。

三、主要参数

为了正确地选择和使用晶闸管，还必须了解它的电压、电流等主要参数的意义。晶闸管的主要参数有以下几项。

1. 正向重复峰值电压 U_{DRM}

在门极断路和晶闸管正向阻断的条件下，可以重复加在晶闸管两端的正向峰值电压，称

为正向重复峰值电压，用符号 U_{DRM} 表示。普通晶闸管的 U_{DRM} 值为 100～3000V。

2. 反向重复峰值电压 U_{RRM}

在门极断路时，可以重复加在晶闸管上的反向峰值电压，称为反向重复峰值电压，用符号 U_{RRM} 表示。普通晶闸管的 U_{RRM} 值为 100～3000V。

3. 正向平均电流 I_V

在环境温度不大于40℃和标准散热及全导通的条件下，晶闸管可以连续通过的工频正弦半波电流（在一个周期内的）平均值，称为正向平均电流 I_V，简称正向电流。其值一般为 1～1000A。

4. 维持电流 I_H

在规定的环境温度和门极断路时，维持晶闸管继续导通的最小电流称为维持电流 I_H。当晶闸管的正向电流小于这个电流时，晶闸管将自动关断。

目前我国生产的晶闸管的型号及其含义如下：

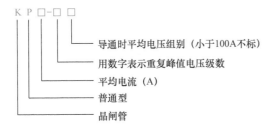

例如 KP5—7 表示额定正向平均电流为5A、额定电压为700V 的晶闸管。

近年来，晶闸管制造技术已有很大提高，在电流、电压等指标上有了重大突破，已制造出电流在1000A 以上、电压达到10000V 的晶闸管，使用频率也已高达几十千赫。所以说，晶闸管的出现使半导体器件从弱电领域进入了强电领域。

四、单相半波可控整流电路

用晶闸管代替单相半波整流电路中的二极管，就成了单相半波可控整流电路。下面分析这种可控整流电路在接电阻性负载和电感性负载时的工作情况。电阻性负载的单相半波可控整流电路和波形图如图 1-39 所示。图 1-39a 是接有电阻性负载的单相半波可控整流电路，负载电阻为 R_L。

从图 1-39b 可见，在输入交流电压 u_2 的正半周时，晶闸管 V 承受正向电压。假如在 t_1 时刻，给门极加上正向触发脉冲 u_G，晶闸管导通，负载上得到电压。当交流电压 u_2 下降到接近于零时，晶闸管正向电流小于维持电流而关

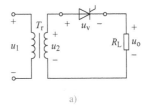

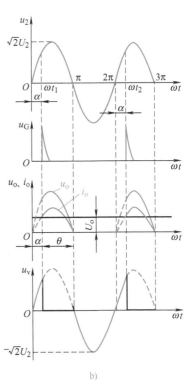

图 1-39　电阻性负载的单相半波可控整流电路和波形图

a）单相半波可控整流电路　b）波形图

断。在电压 u_2 的负半周时，晶闸管承受反向电压，不可能导通，负载电压和电流均为零。到下一个周期，又重复上述过程。这样，在负载 R_L 上就可以得到如图 1-39b 所示电压的波形。

把晶闸管从承受正向电压到触发导通之间的电角称为控制角，用 α 表示。而晶闸管在一个周期内导通的电角则称为导通角，用 θ 表示。

对单相半波可控整流电路而言，显然有：

$$\alpha + \theta = \pi$$

并且在晶闸管承受正向电压的时间内，改变门极触发脉冲的输入时刻（即改变控制角 α），负载上得到的电压波形就随着改变，这样就控制了负载上输出电压的大小。导通角 θ 越大，输出电压越高。

整流输出电压的平均值 U_o 可以用控制角表示，即

$$U_o = \frac{1}{2\pi} \int_{\alpha}^{\pi} \sqrt{2}\, U_2 \sin\omega t\, \mathrm{d}(\omega t)$$

$$= 0.45 U_2 \frac{1 + \cos\alpha}{2}$$

从上式可以看出，当 $\alpha = 0$ 时（$\theta = 180°$），晶闸管在正半周全导通，$U_o = 0.45 U_2$，输出电压最高，相当于不可控二极管单相半波整流电压。若 $\alpha = 180°$，$U_o = 0$，这时 $\theta = 0$，晶闸管全关断。

根据欧姆定律，电阻负载中流过的电流平均值为

$$I_L = \frac{U_o}{R_L} = \frac{0.45 U_2}{R_L} \cdot \frac{1 + \cos\alpha}{2}$$

此电流即为通过晶闸管的平均电流，即 $I_V = I_0$。

五、单相半控桥式整流电路

1. 电阻性负载

单相半波可控整流电路虽然有电路简单、调整方便、使用元件少的优点，但却有整流电压脉动大、输出整流电流小的缺点。较常用的是单相半控桥式整流电路（图 1-40），其电路如图 1-40a 所示，电路与单相桥式整流电路相似，只有其中两个臂中的二极管由晶闸管所取代。

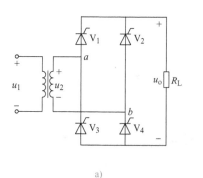 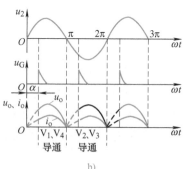

a)   b)

图 1-40 单相半控桥式整流电路

a）电路 b）波形图

在变压器二次电压 u_2 的正半周（a 端为正）时，V_1 和 V_4 承受正向电压。这时如对晶

闸管 V_1 引入触发信号，则 V_1 和 V_4 导通，电流的通路为 a 端→V_1→R_L→V_4→b 端。这时 V_2 和 V_3 都因承受反向电压而截止。同样，在电压 u_2 的负半周时（b 端为正），V_2 和 V_3 承受正向电压。此时，如对晶闸管 V_2 引入触发信号，则 V_2 和 V_3 导通，电流的通路为 b 端→V_2 →R_L→V_3→a 端。这时 V_1 和 V_4 处于截止状态。

当可控整流电路接电阻性负载时，单相半控桥式电路的电压与电流的波形如图 1-40b 所示。显然，与单相半波可控整流电路相比，桥式可控整流电路的输出电压的平均值要大一倍，即

$$U_o = \frac{1}{\pi} \int_\alpha^\pi \sqrt{2} U_2 \sin\omega t \mathrm{d}(\omega t)$$

$$= 0.9 U_2 \frac{1 + \cos\alpha}{2}$$

输出电流的平均值为

$$I_L = \frac{U_d}{R_L} = \frac{0.9 U_2}{R_L} \cdot \frac{1 + \cos\alpha}{2}$$

2. 电感性负载

上面所讲的是接电阻性负载的情况，实际中遇到较多的是电感性负载，像各种电机的励磁绕阻、各种电感线圈等，它们既含有电感，又含有电阻。整流电路接电感性负载和接电阻性负载的情况大不相同。电感性负载的单相半控桥式整流电路如图 1-41 所示。

晶闸管在电感性负载电路中的导通时间比电阻性负载电路中的导通时间长，对于这种情况，一般来说，整流器仍能正常工作，但输出电压从零开始则不易调整，对控制角有严格限制的整流器也不易调整，会出现失控现象，为此常在电感性负载两端并联续流二极管。

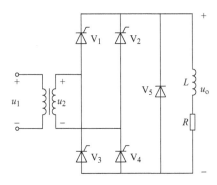

图 1-41　电感性负载的单相半控桥式整流电路

六、晶闸管的保护

晶闸管虽然具有很多优点，但是与其他电气设备相比，它们承受过电压和过电流的能力较弱，因此，在各种晶闸管装置中必须采取适当的过电压和过电流保护措施。

1. 晶闸管的过电流保护

晶闸管发生过电流的原因主要有：负载端过载或断路；某个晶闸管被击穿断路；触发电路工作不正常或受干扰使晶闸管误触发。这些情况均可导致流过晶闸管的电流大大超过其正常工作电流，即所谓过电流。晶闸管允许在短时间内承受一定的过电流，所以，过电流保护的作用就在于当发生过电流时，在允许的时间内将过电流切断，以防止元件损坏。晶闸管常用的过电流的保护措施为接入快速熔断器。快速熔断器的接法如图 1-42 所示。

用于保护晶闸管的快速熔断器比普通熔断器的熔断时间要短。快速熔断器使用的是银质熔丝，当流过 5 倍的额定电流时，熔断时间通常小于 0.02s，从而可以在晶闸管损坏之前熔断，对晶闸管进行过电流保护。

2. 晶闸管的过电压保护

引起晶闸管过电压的原因很多，如电感性负载电路的切断或接通时、从一个元件导通转换到

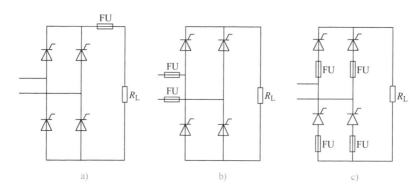

图 1-42　快速熔断器的接法

a) 直流侧　b) 交流侧　c) 元件侧

另一个元件导通时、熔断器熔断、电源电压的波动以及其他干扰等都可能在电路中引起过电压。

晶闸管过电压的常用保护措施有阻容保护，即可以利用电容器来吸收过电压，其实质就是将造成过电压的能量变成电场能量储存到电容器中，然后再释放到电阻中去消耗掉。这是过电压保护的基本方法。

阻容吸收元件可以并联在元件侧、整流装置的交流侧（输入端）或直流侧（输出端），阻容吸收过电压保护如图 1-43 所示。

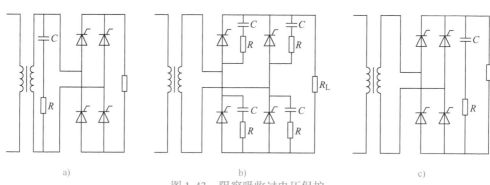

图 1-43　阻容吸收过电压保护

a) 交流侧　b) 元件侧　c) 直流侧

 技能训练

12V 电源电路仿真实验

【实训目的】

1. 掌握单相桥式整流滤波稳压电路工作原理。

2. 熟练使用 Multisim 电子仿真软件观察电压波形。

【设备器材】

计算机、电子电路仿真软件 Multisim。

【重点难点】

电子仪器和设备都用直流电供电，而通常电网供给的都是交流电。最简单、经济的方法

就是通过整流滤波电路将交流电变换成直流电。

1）整流电路：利用二极管的单相导电特性，能将交流电转换成脉动直流电。一般可以分为半波、全波、桥式整流电路。

2）滤波电路：为了平滑整流后的电压波形，减少其纹波成分，必须在整流电路后面加入滤波电路。滤波电路形式很多，对于负载电流不太大的情况，常用电容滤波。

【实训步骤】

1）设计单相桥式整流滤波稳压电路（图1-44）。

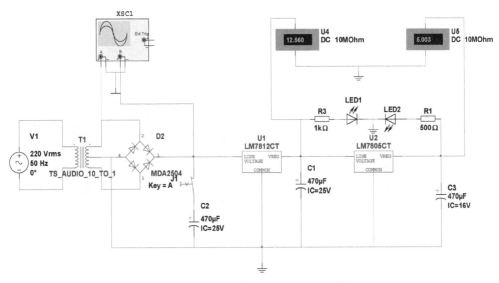

图1-44　单相桥式整流滤波稳压电路

2）测试变压器波形。先用示波器观察输入波形为正弦波，再将单相桥式整流滤波稳压电路断开，用示波器测量变压器两端的波形，与输入波形形状相同，幅度不同。

3）测试单相桥式整流电路输出波形。断开电容器、稳压器、观察单相桥式整流电路输出波形（图1-45），绿颜色线表示输入波形，红颜色线表示输出波形。

4）观察单相桥式整流滤波电路输出波形。

① 测试单相桥式整流滤波电路输出波形（C = 10μF）（图1-46）。

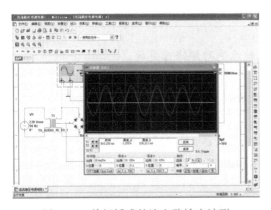

图1-45　单相桥式整流电路输出波形

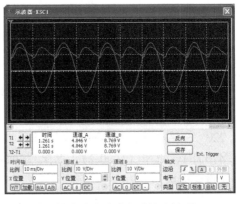

图1-46　单相桥式整流滤波电路输出波形（C = 10μF）

② 测试单相桥式整流滤波电路输出波形（C＝470μF）（图 1-47）。

5）测试单相桥式整流滤波稳压电路输出波形（图 1-48）。

【实训总结】

1. 变压器只改变一次电压的幅度，不改变其电压波形。

2. 具有正、负值的交流电压经过整流后，将变换成单一方向的全波脉动电压。

3. 接入滤波电容后，脉动电压中的交流成分会被滤掉，输出较平滑的电压。

【拓展练习】

1. 将单相桥式整流滤波稳压电路中的一个二极管开路，重复实验内容。

2. 将电阻 R1 改换数值为 10Ω，观察输出波形变化。

3. 改变电容数值，观察滤波波形变化情况与电容数值的关系。

4. 思考如何利用仿真软件绘制连续输出 3～24V 直流稳压电源电路？

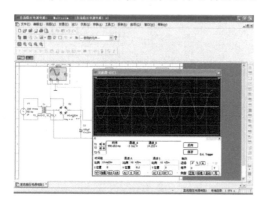 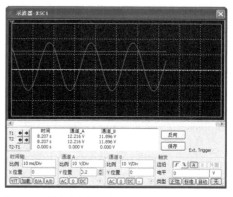

图 1-47　单相桥式整流滤波电路输出波形（C＝470μF）　图 1-48　单相桥式整流滤波稳压电路输出波形

12V 电源电路制作

【实训目的】

1. 能够充分了解电子元件的性能，并能分析汽车电源电路的结构、原理，进一步理解整流、滤波、稳压电路的工作原理。

2. 熟悉制作工艺的工作流程，能够制订工作方案，并执行验收方案检查质量。

1）正确使用焊接工具，制订检测标准。

2）能够对焊接元件组件进行检测，对照技术标准进行维修或更换。

3）能够分析电路板系统故障，解决类似问题。

3. 为了方便检测汽车电器、电控工作情况，需要设计制作一个双路稳压电源。

【设备器材】

220V 交流电源、220V—15V 变压器、整流器、稳压器 LM7812、稳压器 LM7805、电容器（470μF）、电阻（1000Ω）、电阻（500Ω）、红色发光二极管、绿色发光二极管。

【重点难点】

1. 变压器

变压器是利用线圈互感的特性构成的一种元件。它的原理就是利用线圈将电能转换为磁

能，再将磁能转换为电能。它具有工作可靠、功率大、应用广泛等特点。

2. 整流器

所谓整流器就是一个桥式整流电路，利用二极管的单向导电性把周期变化的交流电变化成大小随时间变化的脉动直流电。但在工作过程中，要注意二极管的工作条件，即二极管的平均电流和承受的最大反向电压值。

3. 电容器的主要作用

1）通交流，隔直流：阻止直流通过而让交流通过，充放电时使用电容器进行滤波能使电压趋于平稳。

2）旁路（去耦）：为交流电路某些并联的元件提供低阻抗通路。

3）耦合：作为两个电路之间的连接，允许交流信号通过并传输到下一级电路。

4）滤波：将整流以后的脉冲波变成接近直流的平滑波或将纵波及干扰滤除。

5）调谐：对与频率相关电路进行系统调谐。

6）储能：整流器搜集电荷并将储存能量通过变换器引线传至电源。

7）保护：对半导体起保护作用。

在这次实训中，我们应选择470μF、25V的电解电容器，同时要注意电容器的正负极性。

4. 稳压器 LM7812

LM7812 的输入电压与输出电压的差值应该大于2V，否则不能正常工作，同时，电流 $I = 8$mA。整流滤波器 LM7812 能将电压变成直流稳定的12V电压。

5. 稳压器 LM7805

LM7805 主要是将 LM7812 形成的电压变为5V左右。

6. 发光二极管和电阻

在 LM7812 加上一个红色二极管和一个 1kΩ 的电阻，在 LM7805 加上一个绿色二极管和一个 500Ω 的电阻。

【实训步骤】

1）教师首先演示双路稳压电源的制作工艺、组装方法，强调安全注意事项；制作方法、步骤及要求；零件的摆放、清理及检查。

2）分组并认定组长、分配任务。

3）各个组长领取产品材料，并分配下发组内成员任务。

4）检测元器件的质量好坏。

5）选用工具，正确安装各个元件，注意合理摆放零件及工具。

6）各小组讨论双路稳压电源的工作流程和电路的结构是否合理。

7）各小组焊接、组装双路稳压电源，并填写工作记录。

8）总结、测试、评价产品性能与质量。

9）按制作计划收集整理有关资料，为产品报告积累素材，按工作流程撰写产品报告。制作流程参考如下：

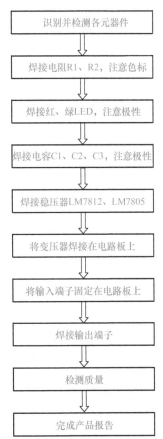

识别并检测各元器件

↓

焊接电阻R1、R2，注意色标

↓

焊接红、绿LED，注意极性

↓

焊接电容C1、C2、C3，注意极性

↓

焊接稳压器LM7812、LM7805

↓

将变压器焊接在电路板上

↓

将输入端子固定在电路板上

↓

焊接输出端子

↓

检测质量

↓

完成产品报告

【实训总结】

通过实训，应能够识别与检测元件、组装元件、焊接元件并进行检测，能够分析处理电路简单故障。

———————— 小　　结 ————————

1. 半导体中有两种载流子：电子和空穴。N 型半导体中电子是多数载流子，P 型半导体中空穴是多数载流子。

2. PN 结的形成：PN 结形成的过程中，多数载流子的扩散和少数载流子的漂移共存。当扩散运动和漂移运动达到动态平衡，空间电荷区的宽度基本稳定，即 PN 结形成。

3. 二极管是由 PN 结加两个电极和管壳组成，它的主要特点是单向导电性。二极管的伏安特性是非线性的，所以是非线性器件。二极管的死区电压，硅二极管约为 0.5V，锗二极管约为 0.2V；导通时正向压降硅二极管为 0.6~0.7V，锗二极管为 0.2~0.3V。

4. 利用二极管的单向导电特性，可以组成各种整流电路，将交流电变成直流电。

5. 单相半波整流电路在纯电阻负载下的输出电压平均值为 $U_o = 0.45U_2$，单相桥式整流电路在纯电阻负载下的输出电压平均值为 $U_o = 0.9U_2$。

6. 滤波电路的作用是使脉动的直流电压变换为平滑的直流电压。常见的滤波器有电容滤波器、电感滤波器。

7. 电容量是表征两导体在单位电压作用下储存电荷的能力，只与导体开关尺寸以及中间介质有关。平板电容器的电容量为 $C = \varepsilon \dfrac{S}{d}$。

8. 稳压电路的作用是保持输出电压的稳定，不受电网电压和负载变化的影响。最简单的稳压电路是带有稳压二极管的稳压电路。

思考与练习题

一、填空题

1. 根据导电的程度，物质可分为_____、_____和_____。

2. 半导体中有_____和_____两种载流子参与导电。

3. 半导体按导电类型可分为_____半导体和_____半导体。

4. 本征半导体中，若掺入微量的五价元素，则形成_____型半导体，其多数载流子是_____；若掺入微量的三价元素，则形成_____型半导体，其多数载流子是_____。

5. 在半导体中，漂移电流是在_____作用下形成的，扩散电流是在_____作用下形成的。

6. PN 结的单向导电性：

1）当 PN 结两端加上正向电压时，PN 结处于_____状态，此时形成_____的电流，呈现的电阻阻值_____。

2）当 PN 结两端加上反向电压时，PN 结处于_____状态，此时形成_____的电流，呈现的电阻阻值_____。

7. 稳压二极管是利用二极管的_____特性实现稳压的。

8. 光电二极管能将_____信号转变为_____信号，它工作时需加_____偏置电压。

9. 晶闸管有阳极、_____极和_____极三个电极。

10. 发光二极管正常工作时应在_____区。

二、单选题

1. 本征半导体中的电子空穴对是由于（　　）形成的。

A. 外电场的作用　　B. 热激发　　　　C. 热击穿　　　　　D. 掺入杂质

2. 在桥式整流电路中，流过二极管的平均电流是输出电流的（　　）。

A. $\dfrac{1}{2}$　　　　　B. $\dfrac{1}{3}$　　　　　C. $\dfrac{1}{4}$　　　　　D. $\dfrac{1}{5}$

3. 特殊二极管中，正常工作时是在反向击穿区的是（　　）。

A. 稳压二极管　　B. 发光二极管　　C. 光电二极管　　D. 变容二极管

4. 用万用表检测某二极管时，发现其正、反电阻均约等 $1k\Omega$，说明该二极管（　　）。

A. 已经击穿　　　B. 完好状态　　　C. 内部老化不通　　D. 无法判断

5. PN 结两端加正向电压时，其正向电流是（　　）而成。

A. 多子扩散　　　B. 少子扩散　　　C. 少子漂移　　　D. 多子漂移

6. 下列关于 P 型半导体中载流子的描述，正确的是？（　　）

A. 仅自由电子是载流子　　　　　　B. 仅空穴是载流子

C. 自由电子和空穴都是载流子　　　D. 三价杂质离子也是载流子

7. 硅二极管的反向电流很小，其大小随反向电压的增大而（　　）。

A. 减小　　　　　B. 基本不变　　　C. 增大

8. 理想二极管构成的电路如题图 1-1 所示，则输出电压 U_o 为（　　）。

A. 3V　　　　　　B. -3V　　　　　C. 10V　　　　　D. -10V

9. 在如题图 1-2 所示的硅稳压二极管稳压电路中，稳压二极管 VD_1 的稳压值为 3V，稳压二极管 VD_2 的稳压值为 5V，正向二极管压降均为 0.7V，则输出电压 U_o 为（　　）。

A. 1.4V　　　　　B. 3.7V　　　　　C. 5.7V　　　　　D. 8V

10. 题图 1-3 电路中二极管 VD_1 和 VD_2 的导通电压均为 0.7V，当 $U_1 = 10V$，$U_2 = 5V$ 时，可以判断出（　　）。

A. VD_1 导通，VD_2 截止　　　　　B. VD_1 截止，VD_2 导通

C. VD_1 导通，VD_2 导通　　　　　D. VD_1 截止，VD_2 截止

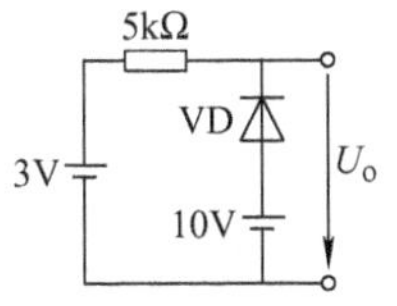

题图 1-1 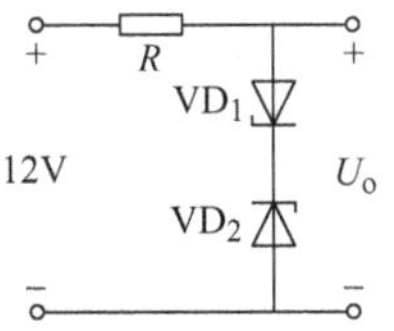　　　　　　　题图 1-2 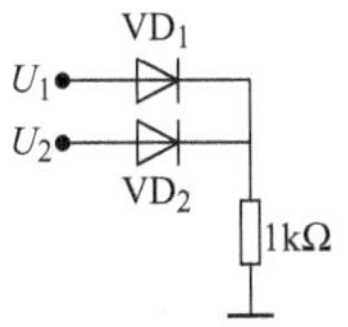　　　　　　　题图 1-3

三、判断题

1. PN 结的单向导电性只有在外加电压时才能体现出来。　　　　　　　（　　）
2. 在 N 型半导体中如果掺入足够量的三价元素，可将其改型为 P 型半导体。　（　　）
3. 二极管只要工作在反向击穿区，一定会被击穿而造成永久损坏。　　　（　　）
4. 因为 N 型半导体的多子是自由电子，所以它带负电。　　　　　　　（　　）
5. 只要晶闸管门极上加正向触发电压，晶闸管就会导通。　　　　　　　（　　）
6. 只要稳压二极管两端加反向电压就能起稳压作用。　　　　　　　　　（　　）
7. 稳压二极管稳压电路中，限流电阻可以取消。　　　　　　　　　　　（　　）
8. 桥式整流电路中，交流电的正、负半周作用时，在负载电阻上得到的电压方向相反。

（　　）

四、计算题

1. 已知如题图 1-4 所示电路中稳压二极管的稳定电压 $U_{VD} = 6V$，最小稳定电流 $I_{VDmin} = 5mA$，最大稳定电流 $I_{VDmax} = 25mA$。

1）分别计算 U_1 为 10V、15V、35V 时输出电压 U_0 的值。

2）若 $U_1 = 35V$ 时负载开路，则会出现什么现象？为什么？

2. 题图 1-5 电路中，输入端 A 的电位 $U_A = -3V$，B 的电位 $U_B = 0V$，求输出端 Y 的电位 U_Y。

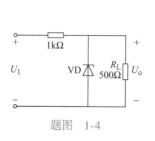

题图　1-4

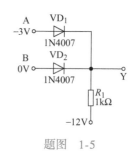

题图　1-5

模块二

晶体管及其放大电路

 知识导入

晶体管习称三极管，是电子电路的核心器件之一，它在不同的外部条件下表现出不同的工作状态，从而具有多种不同的功能，因此得到了广泛的应用。本模块主要介绍晶体管的结构、工作原理、特性曲线和主要参数，着重讨论共射极放大电路的分析方法，再推及共集电极和共基极电路的相关特性。

 知识要求

1. 了解晶体管的结构，掌握晶体管的电流分配关系及放大原理。
2. 掌握晶体管的输入输出特性，理解其含义，了解其主要参数的定义。
3. 掌握三种组态放大电路的基本构成及特点。
4. 掌握共射极放大电路的静态和动态分析方法。

技能要求

1. 会用万用表判别晶体管的极性和质量优劣。
2. 会分析设计晶体管放大电路，并能计算电路静态工作点和放大倍数。
3. 了解晶体管特性曲线、主要参数、温度对特性的影响，在实践中合理使用。
4. 能制作简单的电子产品。

素养要求

培养严谨认真、精益求精的工匠精神。

参考学时

10 学时

课题一　晶体管及其特性

晶体管的
结构

晶体管是由两个背靠背的 PN 结构成的。在工作过程中，其两种载流子（电子和空穴）都参与导电。它是组成各种电子电路的核心器件。晶体管的种类很多，按照材料不同可以分为硅晶体管和锗晶体管；按照结构不同可以分为 NPN 型和 PNP 型两种类型，目前国内生产的硅晶体管多为 NPN 型（3D 系列），锗晶体管多为 PNP 型（3A 系列）；按频率高低不同又可以分为高频晶体管、低频晶体管；根据功率大小不同还可以分为大、中、小功率晶体管。

一、晶体管的结构

晶体管的外形、结构及符号如图 2-1 所示。图 2-1a 所示为几种晶体管的外形。晶体管一般为三个管脚，但大功率晶体管一般以管壳兼作集电极；而工作频率较高的小功率晶体管，除了 E、B、C 电极外，管壳还有供屏蔽接地用的引线。

大功率低频晶体管　　中功率低频晶体管　　小功率高频晶体管

a)

由图 2-1b 可见，晶体管内部有三个区，分别称为发射区、基区和集电区。由三个区各引出一个电极，分别称为发射极 E、基极 B 和集电极 C。发射区和基区之间的 PN 结称为发射结，集电区和基区之间的 PN 结称为集电结。

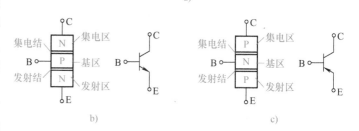

图 2-1　晶体管的外形、结构及符号

a) 外形　b) NPN 型结构及符号　c) PNP 型结构及符号

晶体管的电路符号如图 2-1b、图 2-1c 所示，图中箭头方向表示发射结正偏时发射极电流的实际方向，发射箭头向外的是 NPN 型晶体管，发射极箭头向里的是 PNP 型晶体管。

晶体管结构可以概括如下：

1）晶体管从结构上可分为 NPN 型和 PNP 型两大类，它们均由三个掺杂区和两个背靠背的 PN 结构成，但两类晶体管的电压极性和电流方向相反。

2）三个电极：基极 B、集电极 C 和发射极 E。发射极和集电极的命名是因为它们要分别发射与收集载流子。

3）内部结构特点：发射区的掺杂浓度远大于集电区的掺杂浓度；基区很薄，且掺杂浓度最低。

4）三个区的作用：发射区发射载流子；基区传输和控制载流子；集电区收集载流子。

二、晶体管的电流放大作用

晶体管具有电流放大作用的内部条件是：晶体管在内部结构上具有发射区掺杂浓度高、基区很薄而且浓度低、集电区面积大且掺杂浓度很低的特点。

晶体管具有电流放大作用的外部条件是：发射结正偏，集电结反偏。这个条件也可以用

晶体管的三个电极的电位关系来表示，对于 NPN 型管必须满足：$U_C > U_B > U_E$；对于 PNP 型管必须满足：$U_E > U_B > U_C$。晶体管电源的接法如图 2-2 所示。

下面以 NPN 型晶体管为例来分析晶体管的电流放大作用，其计算机仿真实验电路如图 2-3 所示。在这个电路中，由基极电源 U_1、基极电阻 R_1 和晶体管发射结组成的电路称为输入电路；由集电极电源 U_2、集电极电阻 R_2 和晶体管集电极、发射极电路组成的电路称为输出电路。由于发射极是两个电路的公共端，故称为共发射极电路。共发射极电路是实际应用中最为常见的电路。

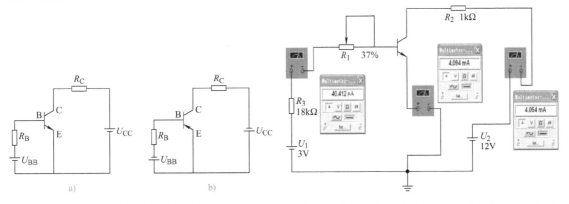

图 2-2　晶体管电源的接法
a）NPN 型　b）PNP 型

图 2-3　晶体管的电流放大作用计算机仿真实验电路

晶体管电流测量数据见表 2-1。

表 2-1　晶体管电流测量数据

I_B/mA	0	0.02	0.04	0.06	0.08
I_C/mA	<0.001	2.029	4.054	6.00	7.90
I_E/mA	<0.001	2.047	4.094	6.06	7.98

根据仿真实验结果可知：

1）无论电阻 R_1 和 R_2 为何值，总有

$$I_E = I_B + I_C$$

2）改变基极电阻 R_1 的值，晶体管各极电流随之改变，但在一定的范围内，集电极电流 I_C 与基极电流 I_B 的比值几乎保持不变，这个比值称为晶体管的直流电流放大系数，用 $\bar{\beta}$ 表示，即

$$\bar{\beta} = \frac{I_C}{I_B}$$

晶体管在制成后，$\bar{\beta}$ 也就确定了。

3）当基极电流有微小的变化时，集电极电流将发生较大的变化，这就是晶体管的电流放大作用。集电极电流的变化量与基极电流变化量的比值称为交流电流放大系数，用 β 表示，即

$$\beta = \frac{\Delta I_C}{\Delta I_B}$$

$\bar{\beta}$ 和 β 的意义是不同的，前者反映的是静态（直流工作状态）时集电极电流与基极电流之比，而后者反映的是动态（交流工作状态）时晶体管的电流放大特性。但在实际应用中，在工作电流不太大的情况下，$\bar{\beta} \approx \beta$，故可将两者混用而不再加以区分。

三、晶体管工作特性

晶体管采用共发射极接法时，信号从基极–发射极电路输入，从集电极–发射极电路输出，所以有两条工作特性（伏安特性）曲线，分别是输入特性曲线和输出特性曲线。这两种特性曲线可用晶体管特性图示仪直观显示出来，也可通过如图 2-4a 所示的晶体管特性实验电路进行测绘。图中，$U_{CC} > U_{BB}$，以使发射结正偏，集电结反偏，保证晶体管放大电路的外部条件。

1. 输入特性曲线

输入特性曲线是指当晶体管集电极–发射极之间的电压 U_{CE} 一定时，输入电路中基极电流 I_B 与基极–发射极之间电压 U_{BE} 之间的关系曲线。晶体管电路及特性曲线如图 2-4 所示。曲线形状与二极管的正向特性曲线相似，但它与 U_{CE} 有关（见图 2-4b）。当 $U_{CE} < 1V$ 时，U_{CE} 增大，曲线右移；当 $U_{CE} > 1V$ 时，即使加大 U_{CE}，曲线也基本上不再变化，和 $U_{CE} = 1V$ 时的曲线几乎相同。而实用中晶体管的 U_{CE} 值一般都超过 1V，所以其输入特性通常采用 $U_{CE} = 1V$ 时的曲线。硅晶体管输入特性的死区电压约为 0.5V，正常工作时管压降 U_{BE} 为 0.6 ~ 0.8V，通常取 0.7V，称为导通电压 $U_{BE(on)}$。

对于锗晶体管，死区电压约为 0.1V，正常工作时管压降 U_{BE} 为 0.2 ~ 0.3V，导通电压通常取 0.2V。

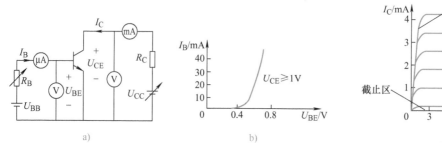
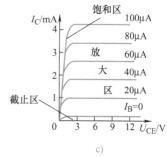

图 2-4　晶体管电路及特性曲线

a）晶体管特性实验电路　b）输入特性曲线　c）输出特性曲线

2. 输出特性曲线

输出特性曲线是指晶体管基极电流 I_B 为常数时，电压 U_{CE} 与集电极电流 I_C 之间的关系曲线。在不同的 I_B 下，可得出一簇曲线。由图 2-4c 可见，曲线大致分成三个区域，这三个区域对应了晶体管的三种工作状态。

晶体管的三种工作状态

1）截止区：输出特性 $I_B = 0$ 的曲线以下的区域称为截止区。当 $I_B = 0$ 时，$I_C = I_{CEO} \approx 0$，晶体管的集电极和发射极之间接近开路，相当于开关断开，此时晶体管处于截止状态，无放大作用。为了使 NPN 型晶体管更可靠地截止，常使 $U_{BE} < 0$，故晶体管处于截止状态时，其发射结和集电结都是反偏。

2）放大区：$I_B = 0$ 的特性曲线上方，各输出特性曲线近似水平的区域称为放大区，此

时晶体管工作在放大状态，具有电流放大能力，$I_C = \beta I_B$。当 I_B 为常数时，晶体管相当于一个受控恒流源。晶体管工作在放大状态的条件是发射结正偏，集电结反偏。

3）饱和区：输出特性曲线近似直线上升（包括弯曲处）的区域称为饱和区，此时晶体管工作在饱和导通状态。饱和时的 U_{CE} 值称为饱和压降，用 U_{CES} 表示。U_{CES} 值很小（一般小功率晶体管的 $U_{CES} < 0.3V$），晶体管的 C、E 两极之间接近于短路，相当于开关的接通状态。在分析汽车电路时，如果遇到晶体管饱和的状态，可认为电位相等。晶体管饱和时，其发射结和集电结均为正偏。

晶体管放大功能在汽车上的应用有很多，如在汽车电子系统中，在需要将小信号电压放大的任何地方都是用晶体管。例如来自凸轮轴和曲轴传感器的信号，来自空气流量传感器、氧传感器及一些温度传感器的信号。它们的放大任务都在控制任务中执行，另外，晶体管在汽车音频、视频和通信电子系统中都有广泛的应用。

结论：晶体管工作在放大区时，具有电流放大作用，常用来构成各种放大电路；工作在截止区和饱和区时，相当于开关的断开和接通，具有开关作用，常用于开关控制和数字电路。

3. 晶体管的开关特性

在放大状态，晶体管 C、E 极之间的电流是随着基极 B 电流的增大而增大的，但当晶体管基极电流增加到一定值时，再增大正向偏压，加大基极电流，C、E 极之间的电流维持在一个最大值而不再放大，此时视 C、E 极之间导通，C、E 极之间相当于一个开关闭合，晶体管开关特性原理图如图 2-5 所示。

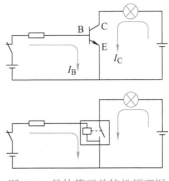

图 2-5　晶体管开关特性原理图

相关链接

在汽车电子系统中作为开关的晶体管有很多，如发动机控制任务中的点火线圈初级线圈控制开关晶体管，利用晶体管的开关特性适时地通、断发射极和集电极，控制点火线圈初级电流的通断，以在次级线圈上产生高电压。

再如电控喷油器控制电路，即是由发动机控制任务内点火模块中的大功率晶体管来控制其通断的。

还有现代汽车车速里程表的数字脉冲信号，便是由车速传感器检测到的模拟信号经控制任务内的晶体管转变而来。

由此可见，汽车电器/电子系统上机械式开关由晶体管开关所取代，是因为它们动作速度快，噪声小且没有机械磨损。而机械开关必须总是流过一定量的最小电流，如果电流太小，开关无法自洁，灰尘颗粒可能造成断路或故障。所以当今汽车多应用大功率晶体管的开关特性，来切换大的负载电流。

四、晶体管的主要参数

晶体管的性能参数是工程上选用晶体管的依据，其主要参数有：电流放大系数（β）、极间反向电流（穿透电流 I_{CEO}、集电极-基极间反向饱和电流 I_{CBO}）以及极限参数等。电流放大系数反映晶体管的电流放大能力，极间反向电流则是衡量晶体管质量的重要参数。极限参数是晶体管正常工作时，允许加在各极上的最高工作电压、最大工作电流以及集电极最大允许功耗。使用晶体管时，超过这些极限值，将使晶体管性能变差，甚至损坏。根据集电极最大工作电流 I_{CM}、集电极最大允许功耗 P_{CM} 以及基极开路时集电极-发射极间的反向击穿电压 $U_{(BR)CEO}$ 可以确定出晶体管的安全工作区，如图 2-6 所示。晶体管工作时必须保证在安全工作区内，并具有一定的裕量。

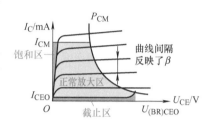

图 2-6　晶体管的安全工作区

课题二　共射极放大电路

一、放大电路

1. 放大电路组成及作用

晶体管放大电路如图 2-7 所示，电路组成及各元器件作用如下：

1）晶体管 VT：将直流能量转换为交流能量。

2）基极电源 E_B 与基极电阻 R_B：为基极提供偏置电压，保证发射结正向偏置。

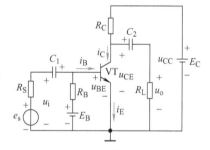

图 2-7　晶体管放大电路

3）集电极电源 E_C：集电极电源的作用是为电路提供能量，并保证集电结反偏。

4）集电极电阻 R_C：将变化的电流转变为变化的电压。

5）耦合电容器 C_1、C_2：隔直流作用，隔离输入、输出电路的直流通道；交流耦合作用，能使交流信号顺利通过。

6）交流电压 u_i 通过电容器 C_1 加到晶体管的基极，从而使基极和发射极两端的电压发生变化。

7）由于 PN 结的正向特性曲线很陡，因此 u_{BE} 的微小变化就能引起 i_E 发生很大的变化。

8）由于晶体管内电流分配是一定的，因此 i_B 和 i_C 变化相同。i_C 流过电阻 R_C，则 R_C 上的电压也就发生变化。

9）由于 $u_{CE} = u_{CC} - u_{R_c}$，因此当电阻 R_C 上的电压随输入信号变化时，u_{CE} 也就随之变化，u_{CE} 中的变化部分经电容 C_2 传送到输出端成为输出电压 u_o。如果电路参数选择合适，就能得到比 Δu_i 大得多的 Δu_o。

所以，放大作用实质上是放大器件的控制作用，是一种小变化控制大变化。

2. 放大电路的特点

放大电路的特点是交直流共存和非线性失真。

3. 放大电路的组成原则

放大电路的组成原则是正确的外加电压极性、合适的直流基础、通畅的交流信号传输路径。

4. 放大电路的两种工作状态

1）静态：输入为 0，I_B、I_C、U_{CE} 都是直流量。

2）动态：输入不为 0，电路中电流和电压都是直流分量和交流分量的叠加。保证在直流基础上实现不失真放大。

二、放大电路的分析步骤

1）直流通路用于分析静态工作点，电容器相当于开路，电感线圈相当于短路，信号源短路，但保留信号源内阻。

2）交流通路用于研究动态参数，容量大的电容器相当于短路，无内阻直流电源相当于短路。

课题三　共射极放大电路分析方法

一、共射极放大电路图解分析法

1. 静态分析

晶体管直流通路如图 2-8 所示。

（1）图解分析法　在输入电路中，首先把电路分为线性和非线性两部分，然后分别列出它们的输入端特性方程。在线性部分，其端特性方程为

$$U_{BE} = U_{CC} - I_B R_B$$

将相应的负载线画在晶体管的输入特性曲线上，其交点便是所求的 I_{BQ} 和 U_{BEQ}。晶体管输入特性曲线如图 2-9 所示。

输出电路中，用同样的方法，可得到输出电路的负载线方程（直流负载方程）为

$$U_{CE} = U_{CC} - I_C R_C$$

将相应的负载线（直流负载线，斜率为 $1/R_C$）画在晶体管的输出特性曲线上，找到与 $I_B = I_{BQ}$ 相对应的输出特性曲线，其交点便是所求的 I_{CQ} 和 U_{CEQ}。晶体管输出特性曲线如图 2-10 所示。

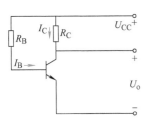 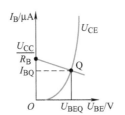 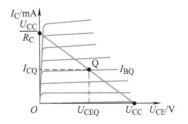

图 2-8　晶体管直流通路　　图 2-9　晶体管输入特性曲线　　图 2-10　晶体管输出特性曲线

（2）估算法　共射极晶体管放大电路直流通路如图 2-8 所示。根据晶体管输入电路，列出电路方程：

$$U_{CC} = U_{BE} + R_B I_{BQ}$$

可得

$$I_{BQ} = (U_{CC} - U_{BE})/R_B$$

$$I_{CQ} = \beta I_{BQ}$$

根据晶体管输出电路，列出电路方程：

$$U_{CEQ} = U_{CC} - I_{CQ}R_C$$

I_{BQ}、I_{CQ}、U_{CEQ}就是晶体管的静态工作点，它们决定了晶体管的工作状态。

【例2-1】 晶体管输出特性曲线如图2-11所示，已知$U_{CC} = 12V$、$R_C = 4k\Omega$、$R_B = 300k\Omega$、$\beta = 37.5$，试求晶体管的静态工作点并画出直流负载线。

解：根据输入电路方程$I_{BQ} = (U_{CC} - U_{BE})/R_B$可得

$$I_{BQ} = [(12 - 0.7)/300000]A = 0.04A,$$

$$I_{CQ} = \beta I_{BQ} = (0.04 \times 37.5)A = 1.5A$$

$$U_{CEQ} = U_{CC} - I_{CQ} \times R_C = (12 - 1.5 \times 4)V = 6V$$

根据输出电路方程$U_{CE} = U_{CC} - I_C R_C$，当$I_C = 0$时、$U_{CE} = 12V$，当$U_{CE} = 0$时、$I_C = 3mA$。根据以上两点，画出直线，该直线即为该晶体管直流负载线，如图2-12所示。

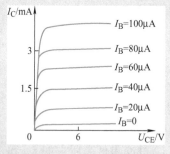

图2-11 晶体管输出特性曲线

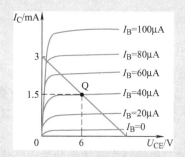

图2-12 晶体管直流负载线

2. 晶体管放大原理

晶体管放大原理如图2-13所示，在静态工作点的基础上，输入一微小的正弦信号u_i，通过晶体管输入特性曲线可得基极电流i_B和集电极电流i_C；根据集电极电流i_C在直流负载线上得到输出电压u_o。

通过波形可以得出如下结论：

1）放大电路中的信号是交直流共存的。

2）输出u_o与输入u_i相比，幅度被放大了，频率不变，但相位相反。

3. 动态分析

1）交流等效电路：晶体管放大电路交流等效电路应把电容器视为短路，直流电源短接至地，图2-7电路可等效为图2-14所示交流等效电路。

2）交流负载线：交流负载线是放大电路有信号时工作点的轨迹，反映交、直共存情况，交流时负载电阻为$R_C//R_L$。故交流负载线的特点为过静态工作点Q、斜率为$-1/(R_C//R_L)$，晶体管交流负载线如图2-15所示。

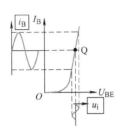 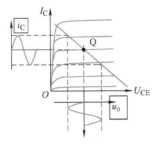

图 2-13　晶体管放大原理　　　　　　　　　图 2-14　交流等效电路

4. 放大电路的非线性失真及最大不失真输出电压

晶体管的静态工作点选择很重要，如果选择合适的静态工作点，就可以获得大的输出电压，如果工作点选择不合适，可能产生非线性失真。**如果要获得最大不失真输出电压，必须选择合适的静态工作点。**

1）饱和失真：静态工作点偏高，晶体管工作进入饱和区（NPN 型管，输出波形削底；PNP 型管，输出波形削顶）。

2）截止失真：静态工作点偏低，晶体管工作进入截止区（NPN 型管，输出波形削顶；PNP 型管，输出波形削底）。

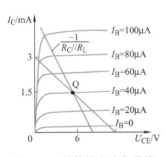 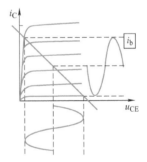

图 2-15　晶体管交流负载线　　　　　　　图 2-16　最大不失真输出电压波形

3）最大不失真输出电压：获得最大不失真输出电压波形如图 2-16 所示。放大电路要想获得最大不失真输出电压，需要：① 工作点 Q 要设置在输出特性曲线放大区的中间部位；② 要有合适的交流负载线；③ 输入信号的幅度不能太大。

5. 图解分析法的特点

图解分析法最大的特点是可以直观、全面地了解放大电路的工作情况，能帮助人们理解电路参数对工作点的影响，并能大致估算动态工作范围，另外还可帮助人们建立一些基本概念，如交直流共存、非线性失真等。

二、小信号模型分析法

指导思想：在一定条件下，把晶体管所构成的非线性电路转化为线性电路。

条件：交流小信号放大电路。

1. 晶体管的小信号模型

1）晶体管小信号模型的引出，是把晶体管作为一个线性有源双口网络，列出输入和输出电路电压和电流的关系，然后利用取全微分或泰勒展开的方法得到 H 参数小信号模型。

2）关于小信号模型的讨论：

① 小信号模型中的各参数，如 r_{be}、β 均为微变量，其值与静态工作点的位置有关，并非常数。

② 受控电流源的大小、流向取决于 i_b。

③ 小信号模型适用的对象是变化量，因此电路符号不允许出现反映直流量或瞬时总量的大下标符号。

2. 用 H 参数小信号模型分析共射极基本放大电路

1）画出小信号等效电路。

方法：先画出放大电路的交流通路（电容器及电源交流短接），然后将晶体管用小信号模型代替。晶体管交流通路如图 2-17 所示。

首先考察输入电路，当信号很小时，输入特性在小范围内近似线性。晶体管输入特性及输入电路等效电路如图 2-18 所示。

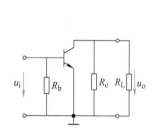

图 2-17　晶体管交流通路

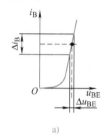

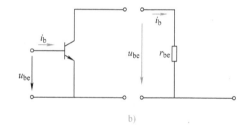

图 2-18　晶体管输入特性及输入电路等效电路

a）输入特性　b）输入电路等效电路

$$r_{be} = \frac{\Delta u_{BE}}{\Delta i_B} = \frac{u_{be}}{i_b}$$

对于小功率晶体管：

$$r_{be} = 300\Omega + (1+\beta)\frac{26\text{mV}}{I_E(\text{mA})}$$

再考察输出电路，由于输出特性曲线近似平行，即

$$i_c = \beta i_b$$

所以，输出端相当于一个受 i_b 控制的电流源。且电流源两端还要并联一个大电阻 r_{ce}。又由于 r_{ce} 很大，所以可以忽略。晶体管简化微变等效电路如图 2-19 所示。

晶体管简化微变等效电路应注意的问题：

① 电流源为一受控源，而不是独立的电源。

② 电流源的流向不能随意假定，而是由 i_b 决定。

③ 该模型仅适用于交流小信号，不能用于静态分析和大信号。

2）电压放大倍数计算方法。

画出放大器的交流通路，将交流通路中的晶体管用简化微变等效电路代替。晶体管放大电路、交流通路、简化微变等效电路如图 2-20 所示。其中：

$$\dot{U}_i = \dot{I}_b r_{be}$$

图 2-19　晶体管简化微变等效电路

$$\dot{U}_o = -\beta \dot{I}_b R'_L$$

$$R'_L = R_c /\!/ R_L$$

$$A_u = -\beta \frac{R'_L}{r_{be}}$$

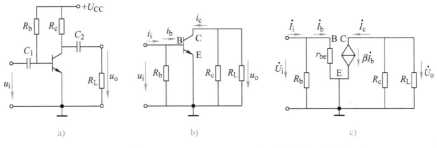

图 2-20　晶体管放大电路、交流通路、简化微变等效电路

a）放大电路　b）交流通路　c）简化微变等效电路

3）求输入电阻。

$$R_i = \frac{\dot{U}_i}{\dot{I}_i} = R_b /\!/ r_{be} = \frac{R_b \cdot r_{be}}{R_b + r_{be}}$$

4）求输出电阻。

$$R_o = \frac{\dot{U}_o}{\dot{I}_o} = R_c$$

【例 2-2】　晶体管放大电路如图 2-21 所示，已知 $U_{CC} = 12V$、$R_B = 300k\Omega$、$R_C = 3k\Omega$、$R_L = 3k\Omega$、$R_S = 3k\Omega$、$\beta = 50$。

1）画出放大电路的直流通路，求静态工作点。

2）画出交流等效电路和微变等效电路。

解：

1）画出放大电路的直流通路，如图 2-22 所示，求静态工作点：

$$I_{BQ} = (U_{CC} - U_{BE})/R_B = U_{CC}/R_B = 12V/300k\Omega = 0.04mA$$

$$I_{CQ} = \beta I_{BQ} = (50 \times 0.04)mA = 2mA$$

$$U_{CEQ} = U_{CC} - I_{CQ} \times R_C = (12 - 3 \times 2)V = 6V$$

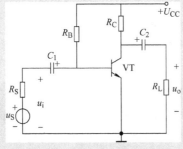

图 2-21　晶体管放大电路

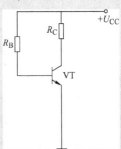

图 2-22　放大电路直流通路

2）画出晶体管交流通路和微变等效电路，如图2-23所示。

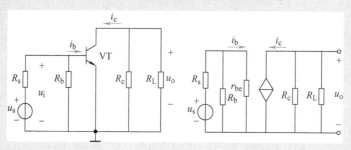

图2-23 晶体管交流通路和微变等效电路

课题四 共集电极和共基极放大电路

一、共集电极放大电路

共集电极放大电路是晶体管三种放大电路中的一种，它的输入信号与输出信号的公共端是晶体管的集电极。又由于输出信号是从发射极引出的，因此这种电路也称为射极输出器、电压跟随器。

图2-24所示的是共集电极放大电路。由图2-24可见，放大电路的交流信号由晶体管的发射极经耦合电容 C_2 输出，故也称射极输出器。

图2-24中，集电极是输入电路和输出电路的公共端。输入电路为基极到集电极的电路，输出电路为发射极到集电极的电路。

共集电极放大电路与共射极放大电路相比，有着明显的特点。

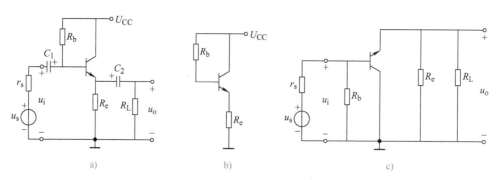

图2-24 共集电极放大电路

a）原理图 b）直流通路 c）交流通路

共集电极放大电路的特点如下：

1）电压放大倍数恒小于1，但接近于1。其输出电压紧紧跟随输入电压的变化而变化。因此，共集电极放大电路也称为电压跟随器。尽管共集电极放大电路无电压放大作用，但其射极电流 I_e 是基极 I_b 的 $(1+\beta)$ 倍，输出功率也近似是输入功率的 $(1+\beta)$ 倍，所以它具有一定的电流放大作用和功率放大作用。

2）输入电阻比共射极放大电路的输入电阻要高。其输入电阻高达几十千欧甚至几百千欧。

3）输出电阻与共射极放大电路相比是较低的，一般在几欧或几十欧。

共集电极放大电路常用于多级放大电路的输入级、输出级或缓冲级。

二、共基极放大电路

共基极放大电路电流放大倍数略小于1，而电压放大倍数较大，其输入信号由发射极输入，输出信号由集电极输出。输入与输出信号与共集电极放大电路模式一样，不会发生相位颠倒的情形，即输出与输入电压同相，同时其输入电阻小，输出电阻大。共基极放大电路特别突出的优点在于其晶体管的截止频率，较之共射极放大电路晶体管的截止频率提高了$(1+\beta)$倍，故共基极放大电路有更高的工作频率，适用于宽频带放大电路、高频谐振放大电路等，共基极放大电路在高频电路中应用是很广泛的。共基极放大电路如图2-25所示。

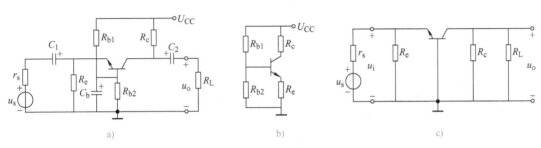

图2-25　共基极放大电路

a）原理图　b）直流通路　c）交流通路

三、三种放大电路

放大电路的交流信号电压叠加在直流电压上，使晶体管基极、发射极之间的正向电压发生变化，通过晶体管的控制作用，使集电极电流有更大的变化，它的变量在集电极电阻上产生大的电压变量，从而实现电压放大。放大电路有三种组态：共基极、共发射极、共集电极。

晶体管的基极静态电流、电压或集电极静态电流、电压在特性曲线上所对应的点，称为放大电路的静态工作点。

放大电路的性能指标包括以下几点：

（1）放大倍数（增益）

① 电压增益：$A_u = U_o/U_i$。

② 电流增益：$A_i = I_o/I_i$。

③ 功率增益：$A_p = P_o/P_i = |U_oI_o/U_iI_i| = |A_uA_i|$。

（2）输入、输出电阻

① 输入电阻为放大电路对信号源所呈现的负载效应；或由放大电路输入端向放大电路看进去的等效电阻，$R_i = U_i/I_i$。

② 输出电阻为将放大电路的输出端等效为具有内阻的电压源，则电压源的内阻即为放

大电路的输出电阻；或由放大电路输出端向放大电路看进去的等效电阻，$R_o = U_o / I_o$。

（3）其他　其他性能指标包括通频带、非线性失真系数、最大不失真输出电压、最大输出功率与效率。

三种放大电路性能比较见表 2-2。

表 2-2　三种放大电路性能比较

类型	电压放大倍数	电流放大倍数	输入电阻	输出电阻
共射极放大电路	10 ~ 100	10 ~ 1000	100Ω ~ 50kΩ	10kΩ ~ 500kΩ
共集电极放大电路	0.9 ~ 0.999	10 ~ 1000	50MΩ 左右	1 ~ 100Ω
共基极放大电路	100 ~ 10000	0.9 ~ 0.999	10 ~ 500Ω	500kΩ ~ 5MΩ

 技能训练

<h2 style="text-align:center">单管放大电路仿真实验</h2>

【实训目的】

利用仿真软件的数据分析共射极放大电路的静态工作点与仿真电路的关系。

【设备器材】

计算机、电子电路仿真软件 Multisim。

【重点难点】

重点：能正确连接电路元器件和仿真设备。

难点：仿真电路工作点的取得。

【实训步骤】

1）建立仿真共射极放大电路。

单击电子仿真软件 Multisim 基本界面，在软件中调出所需元器件及仪器，连接电路并进行仿真测试。单管放大器的仿真实验电路如图 2-26 所示。

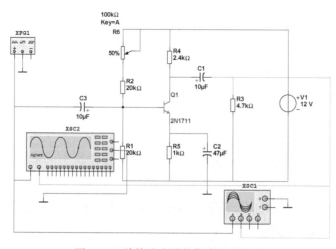

图 2-26　单管放大器的仿真实验电路

2）静态工作点分析。

① 调整电位器 R6 大致在 50%，使放大电路工作在良好的放大工作区，得到放大电路的输入、输出波形。放大电路的输入、输出波形如图 2-27 所示。

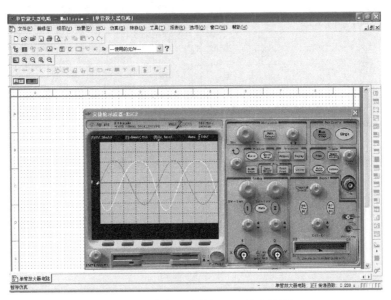

图 2-27　放大电路的输入、输出波形

② 调整电位器 R6 的数值，会引起输出波形的变化，调整电位器 R6 至 5%，放大电路的输入、输出波形如图 2-28 所示。

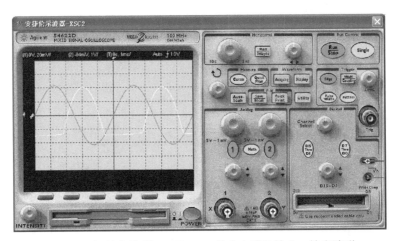

图 2-28　调整电位器 R6 至 5%，放大电路的输入、输出波形

③ 调整电位器 R6 至 95%，放大电路的输入、输出波形如图 2-29 所示。

3）静态工作点的测量。显示节点的电路如图 2-30 所示，静态工作点分析如图 2-31 所示。

【实训总结】

比较图 2-27、图 2-28、图 2-29 输出波形的变化情况，观察单管放大电路静态工作点与输出波形的关系，各组选派代表对实训结果进行分析并完成实训报告。

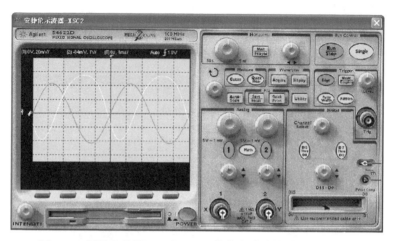

图 2-29　调整电位器 R6 至 95%，放大电路的输入、输出波形

图 2-30　显示节点的电路

	直流工作点分析	
1	V(5)	7.88883
2	V(7)	2.47281
3	V(1)	1.72545
4	V(6)	5.19486
5	V(10)	0.00000
6	V(4)	12.00000
7	V(8)	0.00000
8	I(V1)	-1.84909 m

Selected Diagram:直流工作点分析

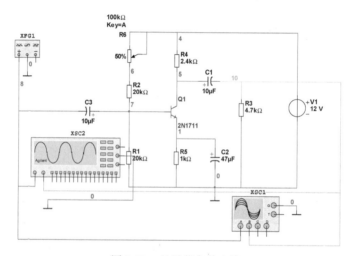

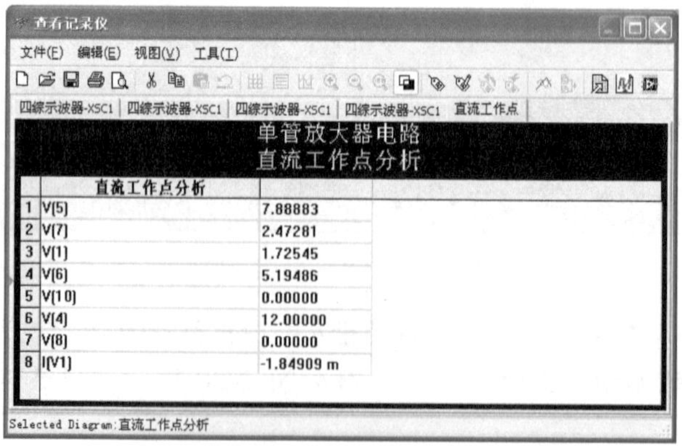

图 2-31　静态工作点分析

1. 晶体管由两个 PN 结组成。从结构看有三个区、两个结、三个极。

① 三个区：发射区——掺杂浓度很高，其作用是向基区发射电子；基区——掺杂浓度很低，其作用是控制发射区发射的电子；集电区——掺杂浓度较高，但面积最大，其作用是收集发射区发射的电子。

② 两个结：集电结（J_C）-基区形成的 PN 结；发射结（J_E）-发射区形成的 PN 结。

③ 三个极：从三个区引出的三个电极分别称为基极 B、发射极 E 和集电极 C。

2. 晶体管分硅管和锗管，从类型上分有 NPN 型和 PNP 型。

3. 晶体管具有电流、电压放大作用，其电流放大倍数 $\beta = I_C/I_B$（或 $I_C = \beta I_B$），也有开关作用。

4. 晶体管的输入特性（指输入电压、电流的关系特性）与二极管正向特性很相似。

① 死区电压：硅管约为 0.5V，锗管约为 0.1V。

② 导通压降：硅管约为 0.7V，锗管约为 0.2V（这两组数也是判断材料的依据）。

5. 晶体管的输出特性（指输出电压 U_{CE} 与输出电流 I_C 的关系特性）有三个区。

① 饱和区：特点是 $U_{CE} < 0.3V$，无放大作用，C-E 间相当于闭合。其偏置条件为 J_C、J_E 都正偏。

② 截止区：特点是 $U_{BE} \leqslant 0$，$I_B = 0$，$I_C = 0$，无放大作用，C-E 间相当于断开。其偏置条件为 J_C、J_E 都反偏。

③ 放大区：特点是 U_{BE} 大于死区电压，$U_{CE} > 1V$，$I_C = \beta I_B$。其偏置条件为 J_E 正偏、J_C 反偏。

所以晶体管有三种工作状态，即饱和状态、截止状态和放大状态，作放大用时应工作在放大状态，作开关用时应工作在截止和饱和状态。

6. 当输入信号 I_i 很微弱时，晶体管可用 H 参数模型代替（也称简化微变等效电路）。

7. 对放大电路的分析有估算法和图解法。

8. 三种组态：

① 共射极——A_u 较大，R_i、R_o 适中，常用作电压放大。

② 共集电极——$A_u \approx 1$，R_i 大、R_o 小，适用于信号跟随、信号隔离等。

③ 共基极——A_u 较大，R_i 小，频带宽，适用于放大高频信号。

思考与练习题

一、填空题

1. 晶体管从结构上可分成_____和_____两种类型；根据使用的半导体材料不同可分成_____管和_____管。它们工作时有_____和_____两种载流子参与导电。

2. 晶体管在放大电路中的三种接法分别是_____、_____和_____。

3. 晶体管的输出特性曲线通常分为三个区域，分别是_____、_____、_____。

4. 晶体管具有电流放大作用的条件是_____。

5. 晶体管放大电路中，测得晶体管三个引脚对地的电位分别为 $U_A = -5V$、$U_B = -8V$、$U_C = -5.2V$，则晶体管对应的电极是：A 为_____、B 为_____、C 为_____。该晶体管属于_____型_____晶体管。

二、单选题

1. 硅晶体管放大电路中，静态时测得集电极–发射极之间直流电压 $U_{CE} = 0.3V$，则此时晶体管工作于（　　）状态。

 A. 饱和 　　　　　　B. 截止 　　　　　　C. 放大 　　　　　　D. 无法确定

2. 测得 NPN 型晶体管上各电极对地电位分别为 $U_E = 2.1V$，$U_B = 2.8V$，$U_C = 4.4V$，说明此晶体管处在（　　）。

 A. 放大区 　　　　　B. 饱和区 　　　　　C. 截止区 　　　　　D. 反向击穿区

3. 测得电路中某锗晶体管的各管脚电位如题图 2-1 所示，则可判定该管处在（　　）。

 A. 放大状态 　　　　B. 饱和状态 　　　　C. 截止状态 　　　　D. 不确定状态

4. 测得某放大电路中的晶体管各管脚电位如题图 2-2 所示，则其（　　）。

 A. 为 NPN 型，②管脚为 B 极 　　　　　　B. 材料为锗，③管脚为 E 极

 C. 为 PNP 型，材料为锗 　　　　　　　　D. 材料为锗，①管脚为 C 极

5. 已知某晶体管的三个电极电位如题图 2-3 所示，则该晶体管的类型为（　　）。

 A. PNP 型锗管 　　　B. NPN 型锗管 　　　C. PNP 型硅管 　　　D. NPN 型硅管

题图 2-1 　　　　　　　　　　题图 2-2 　　　　　　　　　　题图 2-3

6. 用万用表直流电压档测得晶体管三个管脚的对地电压分别是 $U_1 = 3V$，$U_2 = 7V$，$U_3 = 2.7V$，由此可判断该晶体管的管型和三个管脚依次为（　　）。

 A. PNP 型管，CBE 　　　　　　　　　　B. NPN 型管，ECB

 C. NPN 型管，BCE 　　　　　　　　　　D. PNP 型管，EBC

7. 有关晶体管的内部结构，以下说法错误的是（　　）。

 A. 三个区，两个 PN 结，三个电极 　　　B. 基区薄，掺杂低

 C. 发射结面积大 　　　　　　　　　　　D. 发射区掺杂浓度高

8. 在由晶体管构成的单级放大电路中，输出电压与输入电压相位相反的是（　　）。

 A. 共集电极放大电路 　　　　　　　　　B. 共发射极放大电路

 C. 共基极放大电路 　　　　　　　　　　D. 任何一种放大电路

三、判断题

1. 依晶体管三个极实际电流判断管型的方法是，若两个极流入，一个极流出，则必为 NPN 型。　　　　　　　　　　　　　　　　　　　　　　　　　　　　　　　　（　　）

2. 工作在放大区的某晶体管测得晶体管 $I_B = 30\mu A$ 时，$I_C = 2.4mA$；$I_B = 40\mu A$ 时，$I_C = 3mA$，则该管的交流放大系数为80。 （ ）

3. 晶体管的 C、E 两个区所用半导体材料相同，因此，可将晶体管的 C、E 两个电极互换使用。 （ ）

4. 晶体管由两个 PN 结构成，因此可以用两个二极管背靠背相连构成一个晶体管。
 （ ）

5. 分析晶体管低频小信号放大电路时，可采用微变等效电路分析法把非线性器件等效为线性器件，从而简化计算。 （ ）

6. 放大电路必须加上合适的直流电源才可能正常工作。 （ ）

四、计算题

1. 题图 2-4 所示电路中的晶体管为硅管，试判断其工作状态。

2. 题图 2-5 所示的放大电路中，已知 $U_{CC} = 15V$，$R_{b1} = 40k\Omega$，$R_{b2} = 20k\Omega$，$R_c = 2k\Omega$，$R_{e1} = 0.2k\Omega$，$R_{e2} = 1.8k\Omega$，$R_L = 2k\Omega$，$\beta = 50$，$U_{BE} = 0.7V$。试求：

1）电路的静态工作点。

2）画出微变等效电路。

3）输入电阻 R_i 和输出电压 u_o。

4）电压放大倍数 A_u。

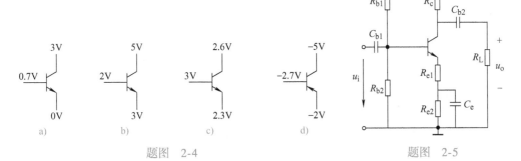

题图 2-4

题图 2-5

3. 题图 2-6 所示的放大电路中，已知 $R_{b1} = 16k\Omega$，$R_{b2} = 11k\Omega$，$R_{c1} = 0.5k\Omega$，$R_{c2} = 2.2k\Omega$，$R_{e1} = 0.2k\Omega$，$R_{e2} = 2.2k\Omega$，$R_L = 2.2k\Omega$，$\beta = 80$，$u_{BE} = 0.7V$，$U_{CC} = 24V$。试求：

1）静态工作点。

2）画出微变等效电路。

3）电压放大倍数。

4）输入电阻 R_i 和输出电压 R_o。

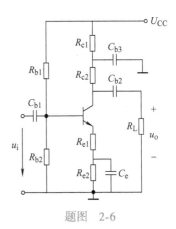

题图 2-6

模块三

集成运算放大器

知识导入

集成电路是把整个电路中的元器件制作在一块硅基片上，构成具有特定功能的电子电路。这种电路以体积小、质量小、寿命长、可靠性高、性能好且成本低等优点被广泛应用在很多产品中。在模拟集成电路中，集成运算放大器（以下简称集成运放）能实现检测、传感和自动控制等多种功能，是其他各类模拟集成电路应用的基础。本模块主要介绍集成运放的结构、主要参数及应用电路。

知识要求

1. 了解集成运放的主要技术参数。
2. 掌握理想集成运放"虚短""虚断"的概念。
3. 理解集成运放两种工作状态的特点。
4. 掌握集成运放的分析方法。

技能要求

1. 会正确分析集成运放。
2. 掌握集成运放的引脚定义、性能参数和应用方法。
3. 组成集成运放的几种基本放大电路的焊装及调试。

素养要求

培养严谨认真、精益求精的工匠精神。

参考学时

6 学时

课题一　集成运算放大器的概念

一、集成运算放大器简介

集成运算放大器简称集成运放，是具有高增益的深度负反馈直接耦合多级放大电路。它最初是作为电子模拟计算机的基本运算单元，完成加减、积分、微分、乘除等数学运算，因此称为运算放大器。现在，集成运放已广泛应用于汽车信号处理、信号测量以及波形产生等各个方面。

1. 集成运放的基本电路构成

集成运放内部由多级放大电路组成，包括输入级、中间级、输出级和偏置电路，如图3-1所示。

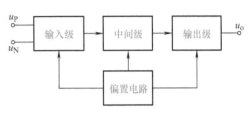

图3-1　集成运放的组成

1）输入级：是决定集成运放性能关键的一级，要求它的零点漂移少，输入电阻高，所以都采用差分放大电路。

2）中间级：是将输入级输出的信号电压加以放大，一般是由共发射极放大电路构成。

3）输出级：输出级直接与负载相连，所以这一级要求有足够的电压放大幅度和输出功率，满足负载的需要。同时要求输出电阻小，带负载能力强。一般由互补对称电路或发射极输出器组成。

4）偏置电路：是为上述三级电路提供稳定和合适的偏置电流，确定各级的静态工作点。

作为集成电路，虽然其内部结构相当复杂，但其外部电路并不复杂，因此要重点掌握其引脚定义、性能参数和应用方法。

2. 集成运放的工艺特点

1）元器件具有良好的一致性和同向偏差，因而特别有利于实现需要对称结构的电路。

2）集成电路的芯片面积小，集成度高，所以功耗很小，在1mW以下。

3）不易制造大电阻。需要大电阻时，往往使用有源负载。

4）只能制作小电容。因此，集成运放都采用直接耦合方式，如需大电容，只有外接。

5）不能制造电感，如需电感，也只能外接。

3. 直耦放大电路的特殊问题——零点漂移

1）零点漂移现象：输入 $u_i = 0$ 时，有缓慢变化的输出电压产生。

2）产生零点漂移的原因：当温度变化使第一级放大器的静态工作点发生微小变化时，这种变化量会被后面的电路逐级放大，最终在输出端产生较大的电压漂移。因而零点漂移也称为"温漂"。

二、差分放大器

1. 电路组成

差分放大器电路如图3-2所示，电路结构对称，即

$$\beta_1 = \beta_2 = \beta$$
$$U_{BE1} = U_{BE2} = U_{BE}$$
$$r_{be1} = r_{be2} = r_{be}$$
$$R_{c1} = R_{c2} = R_c$$
$$R_{b1} = R_{b2} = R_b$$

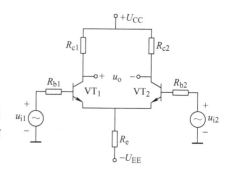

图 3-2　差分放大器电路

差分放大电路一般有两个输入端，有两个输出端。信号可以使用单端输入也可以使用双端输入；输出可以单端输出也可双端输出。

2. 差模信号与共模信号

差模信号：

$$u_{id} = u_{i1} - u_{i2}$$

共模信号：

$$u_{ic} = \frac{1}{2}(u_{i1} + u_{i2})$$

差模电压增益：

$$A_{ud} = \frac{u_{od}}{u_{id}}$$

共模电压增益：

$$A_{uc} = \frac{u_{oc}}{u_{ic}}$$

总电压输出：

$$u_o = u_{od} + u_{oc} = A_{ud}u_{id} + A_{uc}u_{ic}$$

共模抑制比：

$$K_{CMR} = |\frac{A_{ud}}{A_{uc}}|$$

差模信号是放大器的有用输入信号，共模信号是加在放大器的干扰信号。加在放大器输入端的既有差模信号，又有共模信号，而且共模信号的幅度要比差模信号的幅度大得多，因此采用差分放大器能完成信号的放大作用。

课题二　集成运算放大器的主要参数及其传输特性

一、集成运放的参数

集成运放性能优劣的主要依据就是它的各种参数。

1）开环差模电压放大倍数 A_{od}：它是集成运放在开环（没有反馈电路）时的输出电压与输入差模信号电压之比。A_{od} 越高，所构成的运算电路越稳定，运算精度也越高。一般集成运放的 A_{od} 为 80 ~ 140dB，如型号为 μA741 通用型集成运放的 A_{od} 为 108dB。

2）最大共模输入电压 U_{ICM}：它是集成运放在线性工作范围内所能承受的最大共模输入电压。所加电压如果超过这个值，会出现共模抑制比下降、失去差模放大能力等问题。高质

量运放的 U_{ICM} 可达正负十几伏。

3）最大差模输入电压 U_{IDM}：它是指集成运放同相输入端和反相输入端所能承受的最大电压值。所加电压如果超过 U_{IDM}，可能会导致输入级晶体管反向击穿而损坏。

4）共模抑制比 K_{CMR}：它是集成运放差模电压放大倍数与共模电压放大倍数之比，一般为100dB左右。K_{CMR} 越大，说明差放大电路各参数的对称性越好。

5）差模输入电阻 R_{id}：它是集成运放两输入端的动态电阻，一般为 MΩ 级。

6）输出电阻 R_{o}：它是集成运放开环工作时，从输出端向里看进去的等效电阻。R_{o} 越小，集成运放带负载能力越强。

7）-3dB 带宽 f_{H}：集成运放的开环增益随频率升高而降低，f_{H} 是当差模电压放大倍数下降3dB时的信号频率。

总之，集成运放具有开环电压放大倍数高、输入电阻大、带负载能力强、漂移小、可靠性高、体积小等优点，它已成为一种通用器件，在各个技术领域得到广泛应用。

二、集成运放理想化条件及其传输特性

集成运放的理想化条件是在分析集成运放组成的各种电路时，将实际的集成运放作为理想集成运放来处理，分清其工作状态是十分重要的。

理想的集成运放应满足以下各项性能指标：

1）开环差模电压放大倍数 $A_{\text{od}} = \infty$。

2）输入电阻 $R_{\text{id}} = \infty$。

3）输出电阻 $R_{\text{o}} = 0$。

4）共模抑制比 $K_{\text{CMR}} = \infty$。

尽管真正的理想运放并不存在，但由于实际集成运放的各项性能指标与理想运放非常接近，因此在实际操作中，往往都将实际运放理想化，以使分析过程简化。

理想运放的图形符号如图3-3所示。它有同相和反相两个输入端以及一个输出端。反相输入端标"$-$"，同相输入端和输出端标"$+$"，它们的对"地"电压（即电位）分别用 u_-、u_+ 和 u_{o} 表示，两输入端的电位差称为净输入电压。"∞"表示开环电压放大倍数的理想化条件。

集成运放的传输特性曲线（表示输出电压与输入电压之间关系的曲线称为传输特性曲线）如图3-4所示。

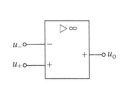

图3-3　理想运放的图形符号

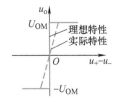

图3-4　集成运放的传输特性曲线

由图3-6可见，传输特性曲线分为线性区和饱和区。其可工作在线性区也可工作在饱和区，但分析方法不一样。

在线性区，输出电压与输入电压呈简单的线性关系，即

$$u_{\text{o}} = A_{\text{uo}}(u_+ - u_-)$$

对于工作在线性区的理想集成运放，分析时有两条简化原则：

（1）虚短　因为理想集成运放的开环电压放大倍数为无穷大，而 u_o 为一定值，所以

$$u_+ - u_- = \frac{u_o}{A_{uo}} \approx 0$$

即

$$u_+ \approx u_-$$

如果在反相输入端有输入信号时，同相输入端接地，即 $u_+ = 0$，根据上式可得出：反相输入 $u_- \approx 0$。它并不是真的接地，通常称为"虚地"。

（2）虚断　由于理想运放的输入电阻趋于无穷大，故认为反相输入端与同相输入端的输入电流均趋于零，即有

$$i_+ \approx i_- \approx 0$$

当集成运放工作在饱和区时，上述两条简化原则就不适用了，这时输出电压只有两种可能，即等于输出最高正电压（正饱和电压）或输出最高负电压（负饱和电压），这两个电压的绝对值可能不相等，可通过在输出端加双向稳压管来获得等值反向的输出电压。即有

$$当 u_+ > u_- 时，u_o = + U_{o(sat)}$$
$$当 u_+ < u_- 时，u_o = - U_{o(sat)}$$

此外，集成运放工作在饱和区时，两个输入端的输入电流也等于零。

课题三　集成运放组成的几种基本放大器

反相放大器

集成运放和外接电阻、电容器等元件构成的比例、加减、积分与微分等运算电路称为基本运算电路。在分析基本运算电路的输入、输出关系时，一般将集成运放看作理想集成运放，再根据"虚短"和"虚断"的特点进行分析，这样较为方便。

一、反相放大器

反相放大器电路如图 3-5 所示。电路中，输入端 u_i 通过电阻 R_1 作用于集成运放的反相输入端，输出电压 u_o 与 u_i 反相，故称反相输入放大电路，又称反相比例运算电路。

根据集成运放工作在线性区的两条分析要领可知，流入放大器的电流趋近于零，即

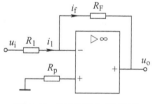

图 3-5　反相放大器电路

$$i_+ \approx i_- \approx 0$$

反向输入与同相输入端的电位近似相等，即

$$u_+ \approx u_-$$

得

$$i_1 = i_f + i_- \approx i_f$$

所以

$$\frac{u_i - u_-}{R_1} = \frac{u_- - u_o}{R_F}$$

整理得引入反馈后的放大倍数为

$$A_{uf} = \frac{u_o}{u_i} = -\frac{R_F}{R_1}$$

上式中负号表明输出电压与输入电压相位相反。它们的关系是比例放大的关系，只要 R_1 和 R_F 的阻值足够精确，就能保证比例运算的精度和工作稳定性，与晶体管构成的电压放大电路相比较。显然用集成运放设计电压放大电路既方便，性能又好。

图 3-5 中的 R_P 是一个平衡电阻，其作用是为了使两个输入端的外接电阻相等，从而保证输入级差分放大电路的偏置电路对称，$R_P = R_1 // R_F$。当取 $R_1 = R_F$，可得 $u_o = -u_i$。

二、同相放大器

同相放大器电路如图 3-6 所示。电路中，输入端 u_i 通过电阻 R_P 作用于集成运放的同相输入端，输出电压 u_o 与 u_i 同相，故称同相放大电路，又称同相比例运算电路。

同相放大器输出电压与输入电压的关系为

$$u_o = \left(1 + \frac{R_F}{R_1}\right) u_i$$

三、差分放大器

差分式放大电路是一个双口网络，每个端口有两个端子，可以输入两个信号，输出两个信号。

差分放大器电路如图 3-7 所示。电路中，两个输入信号分别通过电阻 R_1、R_2 作用于集成运放的反相和同相输入端，该电路又称减法运算电路。

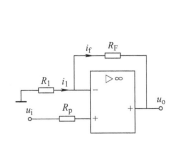

图 3-6　同相放大器电路

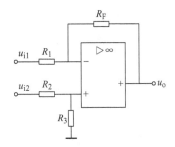

图 3-7　差分放大器电路

差分放大器输出电压与输入电压的关系为

$$u_o = -\frac{R_F}{R_1} u_{i1} + \left(1 + \frac{R_F}{R_1}\right) \left(\frac{R_3}{R_2 + R_3}\right) u_{i2}$$

若 $R_1 = R_2$，且 $R_3 = R_F$，则

$$u_o = \frac{R_F}{R_1}(u_{i2} - u_{i1})$$

若 $R_1 = R_2 = R_3 = R_F$，则

$$u_o = u_{i2} - u_{i1}$$

 技能训练

<h1 style="text-align:center">蓄电池电压过低警告电路的制作</h1>

【实训目的】

1. 了解集成运放的结构和工作原理。

2. 掌握看图接线、分析电路的能力。

3. 掌握蓄电池电压过低报警电路的工作原理。

【设备器材】

1. 电烙铁及配套辅助工具。

2. 万用表、导线、集成运放 LM741 和相关电阻、电容器、发光二极管、稳压二极管、蓄电池、稳压电源。

【重点难点】

重点：LM741 双电源单集成运放的 8 个引脚功能。

难点：蓄电池电压过低报警电路的调试。

LM741 为集成运放中最常被使用的一种，拥有反相与非反相两输入端，由输入端输入将被放大的电流或电压信号，经放大后由输出端输出。放大器动作时的最大特点为需要一对同样大小的正负电源，其值由 ±12V 至 ±18V 不等，一般使用 ±15V 的直流电压。

汽车电子电路中常用的集成运放有 LM741、LM324 和 LM339 等。

1. LM741 集成运放的结构

LM741 是双电源单集成高增益运算放大器，其为 8 个引脚的双列直插式封装，LM741 集成运放外形及其引脚排列如图 3-8 所示。2 脚是放大器的反相输入端；3 脚是同相输入端；6 脚是输出端；1 脚、5 脚是放大交流信号时的电路调零端，汽车中不用；8 脚是空脚；7 脚接正电源；4 脚接负电源，在汽车中用作比较器时直接搭铁。

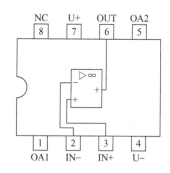

图 3-8 LM741 集成运放外形及其引脚排列

2. 由 LM741 集成运放组成的蓄电池电压过低警告电路

蓄电池电压过低警告电路如图 3-9 所示，电路由集成运放（LM741）、稳压管、发光二极管及电阻组成。

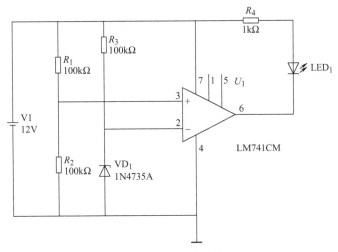

图 3-9　蓄电池电压过低警告电路

【实训步骤】

1）按要求选择相应元件并检测其质量好坏，元件清单见表3-1。

表 3-1　元件清单

元件名称	电阻 （$R = 1k\Omega$）	电阻 （$R = 100k\Omega$）	可调直流 稳压电源	集成运放 LM741	发光 二极管	稳压二极管 1N4375A
要求	1只	3只	3～24V	2只	1只	1只

2）选用工具并正确安装各个元件，注意合理摆放元件及工具。

3）各小组讨论电路的元件布局及制作流程是否合理。

4）测试电路功能并查找故障，记录实验数据。

① 根据图3-9进行电路焊接制作、接线。

② 组装电路并调试。

③ 把数字万用表拨到直流电压20V档。

④ 把稳压电源的输出电压调节到13V，观察发光二极管是否发光，把万用表的低压端放在芯片的引脚4上，另一端分别与芯片的引脚2、3、6和7相连，记录相应的电压值。

⑤ 把稳压电源的输出电压调节到12V，观察发光二极管是否发光，把万用表的低压端放在芯片的引脚4上，另一端分别与芯片的引脚2、3、6和7相连，记录得到电压值。

⑥ 依据上述方法，把稳压电源的输出电压分别调节到11V、10V、9V、8V，分别观察发光二极管是否发光，把万用表的低压端放在芯片的引脚4上，另一端分别与芯片的引脚2、3、6和7相连，分别记录得到的电压值。

⑦ 把稳压电源的输出电压调节到7.9V，观察发光二极管是否发光，把万用表的低压端放在芯片的引脚4上，另一端分别与芯片的引脚2、3、6和7相连，记录得到的电压值。

⑧ 把稳压电源的输出电压调节到7.8V，观察发光二极管是否发光，把万用表的低压端放在芯片的引脚4上，另一端分别与芯片的引脚2、3、6和7相连，记录得到的电压值。

将步骤④至⑧的实验结果记录于表3-2中。

表 3-2　蓄电池电压过低警告电路数据

引脚		13	12	11	10	9	8	7
调节直流稳压电源	U_{24}/V							
	U_{34}/V							
	U_{64}/V							
	U_{74}/V							

⑨ 把稳压电源的电压调到 13V，然后逐步使稳压电源的输出电压变小，观察发光二极管开始发光时的电压 U，并记录电压值 $U =$ _____ V。

5）评价产品性能与质量。

6）按制作计划收集整理有关资料，为产品报告积累素材，按工作流程撰写产品报告。

【实训总结】

蓄电池电压过低警告电路的制作流程如图 3-10 所示。

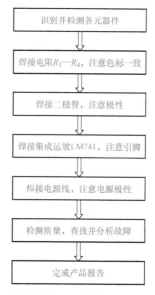

图 3-10　蓄电池电压过低警告电路的制作流程

 小　结

1. 集成运放的结构框图。

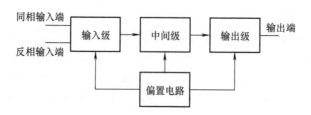

2. 零点漂移是指将直流放大器输入端对地短路，使之处于静态状态时，在输出端仍然会出现不规则变化电压的现象。

3. 造成零漂的原因是电源电压的波动和晶体管参数随温度的变化，其中温度变化是产生零漂的最主要原因。

4. 集成运放是高增益的直接耦合放大器，为了有效抑制零点漂移和提高共模抑制比，常采用差分放大电路作输入级。

5. 差分放大电路利用其电路的对称性使零输入时达到零输出，对差模信号具有很强的放大能力，而对共模信号具有很强的抑制能力。

6. 大小相等、极性相反的输入信号称为差模信号，相应的输入方式称为差模输入方式；大小相等、极性相同的输入信号称为共模信号，相应的输入方式称为共模输入方式。差分放大器输入端之间的任意信号可以分解为差模信号和共模信号之和。

7. 共模抑制比是差模放大倍数与共模放大倍数之比，是衡量差分放大电路性能优劣的重要指标。

8. 理想运放在线性区的特点：① 虚短时，$u_+ \approx u_-$；虚地时，$u_+ \approx u_- \approx 0$；② 虚断时，$i_+ \approx i_- \approx 0$。

"虚短"和"虚断"是理想集成运放工作在线性区的两个重要结论，也是今后分析集成运放线性应用电路的重要依据。

9. 几种集成运放线性应用电路。

1）反相输入比例运算电路（反相放大器）。

2）同相输入比例运算电路（同相放大器）。

3）减法比例运算电路（差分放大器）。

4）加法比例运算电路。

5）反相器。

6）电压跟随器。

思考与练习题

一、填空题

1. 集成运放输入级一般采用_____放大电路，其作用是用来减小_____。

2. 理想集成运放工作在线性状态时，两输入端电压近似为_____，称为_____；输入电流近似为_____，称为_____。

3. 集成运放的两输入端分别称为_____端和_____端，前者的极性与输出端_____，后者的极性与输出端_____。

4. 分别选择"反相"或"同相"填入下列各空内。

1）_____比例运算电路中集成运放反相输入端为虚地，而_____比例运算电路中集成运放两个输入端的电位等于输入电压。

2）_____比例运算电路的输入电阻大，而_____比例运算电路的输入电阻小。

3）_____比例运算电路的输入电流等于零，而_____比例运算电路的输入电流等

于流过反馈电阻中的电流。

4）_____比例运算电路的比例系数大于1，而_____比例运算电路的比例系数小于零。

5. 理想集成运放的放大倍数 $A_u =$ _____，输入电阻 $R_i =$ _____ 输出电阻 $R_o =$ _____。

6. 差分放大电路有_____种输入输出连接方式，其差模电压增益与_____方式有关，与_____方式无关。

二、选择题

1. 对集成运放电路描述正确的是（   ）。
A. 高输入电阻，高输出电阻，高增益　　B. 高输入电阻，低输出电阻，高增益
C. 高输入电阻，低输出电阻，低增益　　D. 低输入电阻，低输出电阻，低增益

2. 差分放大电路的主要特点是（   ）。
A. 有效放大差模信号，有力抑制共模信号　B. 既放大差模信号，又放大共模信号
C. 有效放大共模信号，有力抑制差模信号　D. 既抑制差模信号，又抑制共模信号

3. 直接耦合放大电路存在零点漂移的原因主要是（   ）。
A. 电阻阻值有误差　　　　　　　　B. 晶体管参数的分散性
C. 晶体管参数受温度影响　　　　　D. 受输入信号变化的影响

4. 典型的差分放大电路中 R_e（   ）。
A. 对差模信号起抑制作用　　　　　B. 对共模信号起抑制作用
C. 对差模信号和共模信号均无作用

5. 在差分放大电路中，若单端输入的差模输入电压为20V，则其共模输入电压为（   ）。
A. 40V　　　　　　B. 20V　　　　　　C. 10V　　　　　　D. 5V

6. 希望放大电路的输入电阻 r_i 越大越好的实质是（   ）。
A. 希望对输入信号的衰减小　　　　B. 希望带负载能力强
C. 希望工作点稳定　　　　　　　　D. 希望温漂小

7. 在反相比例运算电路中，集成运放的反相输入端的电位为（   ）。
A. 0　　　　　　B. $+\infty$　　　　　　C. $-\infty$　　　　　　D. u_f

8. 集成运放工作在线性放大区，由理想工作条件得出的两个重要规律是（   ）。
A. $u_+ = u_- = 0$，$i_+ = i_-$　　　　　B. $u_+ = u_- = 0$，$i_+ = i_- = 0$
C. $u_+ = u_-$，$i_+ = i_- = 0$　　　　　D. $u_+ = u_- = 0$，$i_+ \neq i_-$

9. 利用集成运放构成电压放大倍数为 $-A$ 的放大器，$|A| > 0$，应选用（   ）。
A. 反相比例运算电路　　　　　　　B. 同相比例运算电路
C. 同相求和运算电路　　　　　　　D. 反相求和运算电路

三．判断题

1. "虚短"就是两点并不真正短接，但具有相等的电位。　　　　　　　（　　）
2. 基本放大电路通常都存在零点漂移现象。　　　　　　　　　　　　（　　）
3. 共模信号和差模信号都是电路传输和放大的有用信号。　　　　　　（　　）

4. "虚地" 是指该点与 "地" 点相接后, 具有 "地" 点的电位。　　　　　（　　）

5. 同相输入和反相输入的集成运放电路都存在 "虚地" 现象。　　　　　（　　）

6. 理想集成运放构成的线性应用电路, 电压增益与运放本身的参数无关。　（　　）

7. 某比例运算电路的输出始终只有半周波形, 但元器件是好的, 这可能是集成运放的电源接法不正确引起的。　　　　　　　　　　　　　　　　　　　　（　　）

8. 凡是集成运放构成的电路都可利用 "虚短" 和 "虚断" 的概念加以分析。　（　　）

9. 集成运放采用直接耦合方式的主要原因之一是不易制作大容量电容器。　（　　）

10. 集成运放不但能处理交流信号, 也能处理直流信号。　　　　　　　　（　　）

四、计算题

分别求解题图 3-1 所示各电路的运算关系。

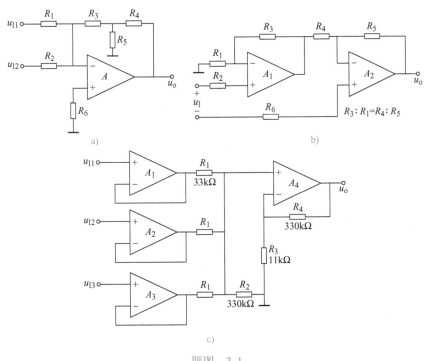

题图　3-1

模块四

反馈放大电路

知识导入

反馈在电子技术中应用十分广泛，它是改善放大器性能指标的一种重要手段。几乎所有的电子、电气设备，所有的电子仪器仪表，自动控制系统都要引入各种形式的反馈，使之达到稳定的性能和极高的精度。本模块介绍了反馈的基本概念和结构，反馈类型的分类及判别方法；从负反馈的四种基本组态出发，讨论负反馈对放大电路的影响。

知识要求

1. 掌握反馈的分类及判别。
2. 掌握基本反馈组态的特点。
3. 了解负反馈对放大器性能的影响和应用。

技能要求

能准确判断负反馈放大器的类型。

素养要求

培养严谨认真、精益求精的工匠精神。

参考学时

6 学时

课题一 反馈的基本类型

一、放大电路的工作点稳定问题

1. 温度对放大电路静态工作点的影响

温度上升，则 U_{BE} 下降，β、I_{CBO} 上升，I_C 上升。静态工作点变化，可能导致放大电路输出波形失真。

2. 稳定静态工作点的方法

稳定静态工作点的方法一般是在放大电路中引入电流负反馈（常用射极偏置电路），采用补偿法。

3. 射极偏置电路

射极偏置电路的作用：一是提供放大电路所需的合适的静态工作点；二是在环境温度、电源电压等外界因素变化时，保持静态工作点的稳定。

稳定静态工作点的过程：① 利用 R_{b1} 和 R_{b2} 组成的分压器以固定基极电位；② 利用 R_e 产生的电压降反馈到输入电路，改变 U_{BE}，从而改变 I_C。

反馈的概念

二、反馈的基本概念及类型

反馈，就是把放大电路的输出量的一部分或全部，通过反馈网络以一定的方式又引回到放大电路的输入电路中去，以影响电路的输入信号作用的过程，**反馈方框图如图 4-1 所示**。

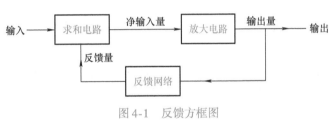

图 4-1 反馈方框图

1. 放大电路中引入反馈的作用

放大电路静态工作点会随温度的变化而上下波动，其放大倍数不稳定，为了稳定放大电路的静态工作点，可采用分压式工作点稳定电路，在电路中引入一个直流电流负反馈。

为了提高输入电阻，降低输出电阻，可采用射极输出器，在射极输出器电路中引入电压串联负反馈。

2. 反馈的分类

（1）正反馈与负反馈　根据反馈的极性分类，可分为正反馈和负反馈。使放大电路净输入量增大的反馈称为正反馈，使放大电路净输入量减小的反馈称为负反馈。正反馈虽然能够提高放大倍数，但会使电路工作变得不稳定。实际工作中正反馈常用于产生正弦波振荡。负反馈虽然降低了放大电路的放大倍数，但是能够改善放大电路的各项性能。

（2）直流反馈与交流反馈　根据反馈的交直流性质，可分为直流反馈和交流反馈。如果反馈信号中只含直流成分，则称为直流反馈，直流负反馈用于稳定静态工作点，对放大电路的动态性能没有影响。如果反馈信号中只含交流成分，则称为交流反馈。交流负反馈用于改善放大电路的各项动态性能。

（3）电压反馈与电流反馈　根据反馈对输出量取样对象的不同，可分为电压反馈和电流反馈。反馈信号取自输出电压，并与输出电压成正比，则称为电压反馈。反馈网络的输出信号与输出电流成正比称为电流反馈。电压负反馈的最重要效应是稳定输出电压。电流负反馈的最重要效应是稳定输出电流。

（4）串联反馈与并联反馈　根据反馈信号与输入信号的关系，可分为串联反馈和并联反馈。反馈信号与输入信号在放大电路的输入电路中以电压的形式求和（即反馈信号与输入信号串联），称为串联反馈。反馈信号与输入信号在放大电路的输入电路中以电流的形式求和（即反馈信号与输入信号并联），称为并联反馈。

3. 反馈的判断

（1）有无反馈的判断　通过检查在放大电路的输出电路与输入电路之间是否存在相互联系的反馈通路来判断电路中有没有引入反馈。在如图 4-2 所示的电路图示例中，图 4-2a、图 4-2c 没有引入反馈，图 4-2b 引入了反馈。

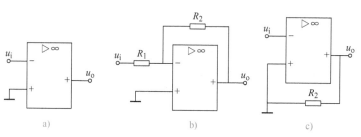

图 4-2　电路图示例

（2）正反馈与负反馈的判断　一般采用瞬时极性法判断是正反馈还是负反馈，如果反馈信号与原输入信号极性相同，则是正反馈；如果反馈信号与原输入信号极性相反，则是负反馈。正、负反馈电路如图 4-3 所示。

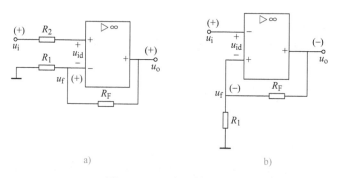

图 4-3　正、负反馈电路
a）负反馈　b）正反馈

（3）直流反馈与交流反馈的判断　通过反馈是存在于直流通路中还是交流通路中，来判断电路引入的是直流反馈还是交流反馈。

（4）电压反馈与电流反馈的判断　反馈信号与输出电压成正比的为电压反馈，反馈信号与输出电流成正比的为电流反馈。若将输出端短路，反馈不存在，则为电压反馈。电压、电流反馈电路如图 4-4 所示。

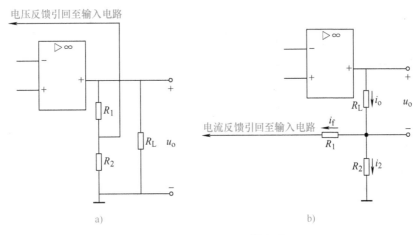

图 4-4 电压、电流反馈电路

a) 电压反馈 b) 电流反馈

（5）串联反馈与并联反馈的判断 反馈信号与输入信号以电压的形式相加（即反馈信号与输入信号串联），即是串联反馈；如果反馈信号与输入信号在放大电路输入电路中以电流的形式相加（即反馈信号与输入信号并联），则是并联反馈。串联、并联负反馈电路如图 4-5 所示。

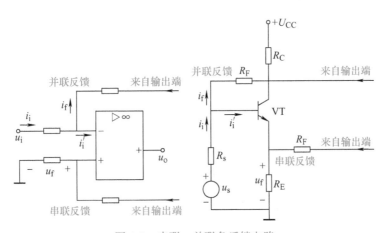

图 4-5 串联、并联负反馈电路

课题二 反馈放大电路的四种组态

一、负反馈对放大器性能的影响

1. 负反馈对放大倍数的影响

引入负反馈后，放大倍数的稳定性得到了提高。

2. 负反馈对通频带和失真的影响

1）负反馈能展宽通频带。

2）负反馈能减少非线性失真。

3. 负反馈对噪声的影响

引入负反馈后，放大器的噪声得到了抑制。

4. 负反馈对输入输出电阻的影响

（1）负反馈对输入电阻的影响

1）串联负反馈能使输入电阻增大。

2）并联负反馈能使输入电阻减少。

（2）负反馈对输出电阻的影响

1）电压负反馈能使输出电阻减少。

2）电流负反馈能使输出电阻增大。

二、负反馈放大器的四种组态

1. 电压串联负反馈电路（图 4-6）

负反馈的四种组态

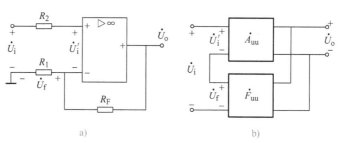

图 4-6　电压串联负反馈电路

图 4-6b 电路中：

$$\dot{A}_{uu} = \frac{\dot{U}_o}{\dot{U}_i'}$$

$$\dot{F}_{uu} = \frac{\dot{U}_f}{\dot{U}_o}$$

图 4-6a 电路中：

$$\dot{U}_f = \frac{R_1}{R_1 + R_F} \dot{U}_o$$

$$\dot{F}_{uu} = \frac{\dot{U}_f}{\dot{U}_o} = \frac{R_1}{R_1 + R_F}$$

2. 电压并联负反馈电路（图 4-7）

图 4-7b 电路中：

$$\dot{A}_{ui} = \frac{\dot{U}_o}{\dot{I}_i'}$$

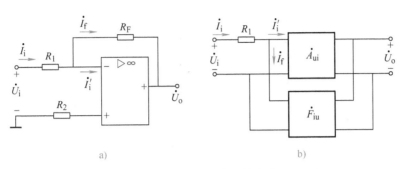

a)

b)

图 4-7 电压并联负反馈电路

$$\dot{F}_{iu} = \frac{\dot{I}_f}{\dot{U}_o}$$

图 4-7a 电路中：

$$\dot{I}_f \approx -\frac{\dot{U}_o}{R_f}$$

$$\dot{F}_{iu} = \frac{\dot{I}_f}{\dot{U}_o} \approx -\frac{1}{R_f}$$

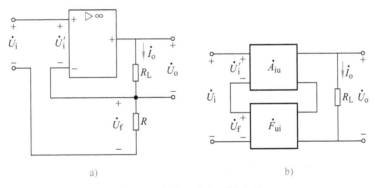

a)

b)

图 4-8 电流串联负反馈电路

3. 电流串联负反馈电路（图 4-8）

图 4-8b 电路中：

$$\dot{A}_{iu} = \frac{\dot{I}_o}{\dot{U}'_i}$$

$$\dot{F}_{ui} = \frac{\dot{U}_f}{\dot{I}_o}$$

图 4-8a 电路中：

$$\dot{F}_{ui} = \frac{\dot{U}_f}{\dot{I}_o} = R_F$$

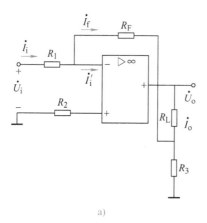

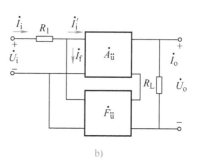

a)　　　　　　　　　　　　b)

图 4-9　电流并联负反馈电路

4. 电流并联负反馈电路（图 4-9）

图 4-9b 电路中：

$$\dot{A}_{ii} = \frac{\dot{I}_o}{\dot{I}'_i}$$

$$\dot{F}_{ii} = \frac{\dot{I}_f}{\dot{I}_o}$$

图 4-9a 电路中：

$$\dot{F}_{ii} = \frac{\dot{I}_f}{\dot{I}_o} \approx -\frac{R_3}{R_3 + R_F}$$

【例 4-1】　试判断图 4-10、图 4-11、图 4-12、图 4-13 电路中反馈的极性和组态。

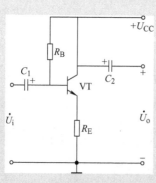

图 4-10　反馈电路 1

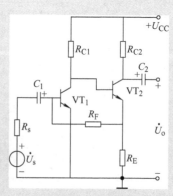

图 4-11　反馈电路 2

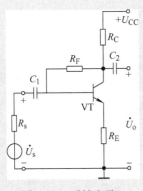

图 4-12　反馈电路 3

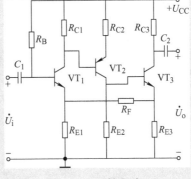

图 4-13　反馈电路 4

解：图 4-10—图 4-13 分别为电压串联负反馈、电流并联负反馈、电压并联负反馈、电流串联负反馈。

汽车闪光器仿真设计

【实训目的】

1. 进一步理解汽车闪光器电路的工作原理。

2. 利用仿真软件选择元件参数，进行仿真验证。

3. 通过仿真实验，为汽车闪光器的实际制作打下基础。

【设备器材】

计算机、电子电路仿真软件 Multisim。

【重点难点】

重点：能正确连接电路元件和仿真设备。

难点：电路元件及设备仿真波形分析。

1. 无触点晶体管式闪光器电路

无触点晶体管式闪光器电路如图 4-14 所示。

2. 工作原理

该电路核心是多谐振荡器电路，它由完全对称的左右两部分组成，即由 2 个晶体管 VT_1 和 VT_2、2 个电解电容器 C_1 和 C_2、4 个电阻 R_1、R_2、R_3、R_4 组成。其中每一级的输出耦合到另一级的输入，各级交替地导通和截止，每次只有一级是导通的。尽管在时间上是交替的，可是这两级产生的都是矩形波输出，所以多谐振荡器的输出可取自任何一级。通过电容器轮流充放电作用，使晶体管轮流导通与截止，可形成多谐振荡，多谐振荡器输出端低、高电平发生周期性变化，在转向开关闭合后引起转向灯周期性闪烁变化。

【实训步骤】

1）下发任务：分组并给各组同学分配任务。

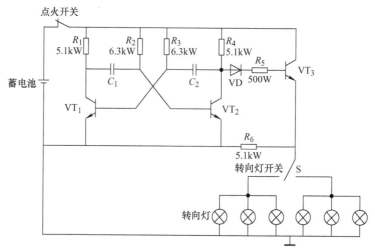

图 4-14　无触点晶体管式闪光器电路

2）师生共同分析任务：分析工作原理及元件作用。

3）学生按照要求完成仿真操作：

① 打开电子仿真软件 Multisim 工作界面。

② 调出元件，按照要求连接无触点晶体管式仿真电路，如图 4-15 所示。

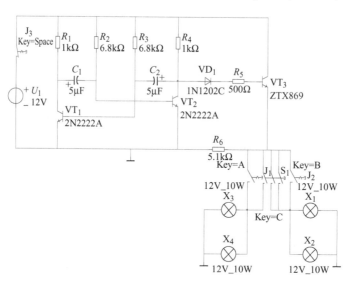

图 4-15　无触点晶体管式仿真电路

③ 开启仿真开关，断开负载，用示波器观测多谐振荡器的输出波形，如图 4-16 所示，并计算振荡器的波形周期及频率，并与频率计算关系式进行比较。

④ 开启仿真开关，闭合转向灯开关，观察转向灯发光情况，用示波器观察输出波形。

⑤ 关闭仿真开关，改变电阻值，闭合转向灯开关，开启仿真开关，观察转向灯发光情况，用示波器观察输出波形。使电容量保持不变，同时增加电阻值使 $R_2 = R_3 = 15\text{k}\Omega$ 时，用示波器观察波形周期变化情况（图 4-17）。

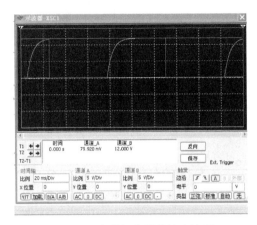

图 4-16 多谐振荡器的输出波形

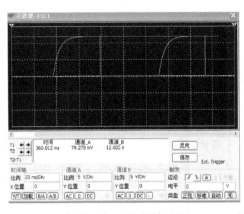

图 4-17 电容量保持不变,同时增加电阻 R_2、R_3 时波形

使电容量保持不变,同时减小电阻值时,用示波器观察波形周期变化情况。

⑥ 关闭仿真开关,改变电容量的数值,闭合转向灯开关,开启仿真开关,观察转向灯发光情况,用示波器观察输出波形;使电阻值保持不变,同时增加电容量使 $C_2 = C_3 = 47\mu F$ 时,用示波器观察波形周期变化情况(图 4-18)。

使电阻值保持不变,同时降低电容量时,用示波器观察波形周期变化情况。

⑦ 同时改变电阻值、电容量,用示波器观察波形周期变化情况。

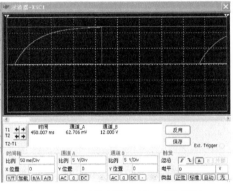

图 4-18 电阻值保持不变,同时增加电容量 C_2、C_3 时示波器波形

【实训总结】

1. 说明振荡电路中电阻值、电容量的改变与多谐振荡电路的频率之间的关系。

2. 选择电路进行仿真,按照实训流程认真完成仿真实验报告,为闪光器的制作打下基础。

汽车闪光器制作

【实训目的】

1. 识别元件并检测其质量好坏。

2. 掌握焊接工艺要求。

3. 测试闪光器电路功能并能查找电路故障。

【设备器材】

1. 电烙铁及配套辅助工具。

2. 万用表 1 块。

3. 元件清单。

元件名称	电阻 ($R = 1k\Omega$)	电阻 ($R = 10k\Omega$)	电容 ($C = 10\mu F$)	晶体管9011	发光 二极管
数量	2只	2只	2只	2只	红/绿各1只

【重点难点】

重点：元器件识别与焊接技术。

难点：能够检测并处理电路故障。

【实训步骤】

要求：根据闪光器电路（图4-19）完成以下任务：

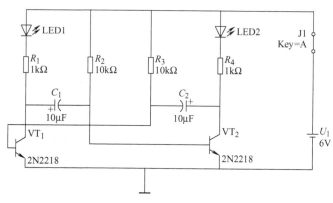

图4-19　闪光器电路

1）利用仿真软件选择元件并仿真测试，调整元件数值，并按参数要求选择元件。

2）各个组长领取产品材料，并分配下发组内成员任务。

3）识别元件并利用万用表检测其质量好坏。

4）选用工具并正确安装各个元件，注意合理摆放元件及工具。

5）各小组讨论电路的元件布局是否合理及制作流程。

6）焊接、组装闪光器电路，并填写工作记录。

7）总结、测试电路功能并查找故障，评价产品性能与质量。

8）按制作计划收集整理有关资料，为产品报告积累素材，按工作流程撰写产品报告。

制作流程如图4-20所示。

【实训总结】

通过制作汽车闪光器，使学生进一步明确产品仿真制作、元件的识别与检测、安装、焊接制作与调试的流程。

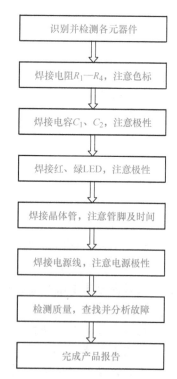

图4-20　制作流程

小 结

1. 在放大电路中，从输出端把输出电压或电流的一部分或全部，通过反馈元件或者反馈网络回送到输入电路，对输入电压或电流产生影响的过程称为反馈。

2. 引入反馈后，使信号既有正向传输也有反向传输，电路形成闭合环路。

3. 正反馈：反馈信号起到增强输入信号的作用。负反馈：反馈信号起到削弱输入信号的作用。

4. 电压反馈：反馈信号取自输出电压，并与输出电压成正比。电流反馈：反馈网络的输出信号与输出电流成正比。

5. 串联反馈：放大器的净输入电压是由信号源电压与反馈电压串联得到的。并联反馈：放大器的净输入电压是由信号源电压与反馈电压并联得到的。

6. 反馈放大器的四种基本类型：① 电压串联负反馈；② 电压并联负反馈；③ 电流串联负反馈；④ 电流并联负反馈。

思考与练习题

一、填空题

1. 根据反馈的极性，反馈可分为_____和_____。

2. 反馈的四种组态为_____、_____、_____和_____。

3. 电压负反馈可以稳定输出_____，降低_____电阻。

4. 电流负反馈可以稳定输出_____，提高_____电阻。

5. 为了减小信号源的负载，提高电路的放大能力，对于内阻较小的信号源，通常应该引入_____负反馈；对于内阻大的信号源，通常应该引入_____负反馈。

6. 当放大电路的环路增益_____时，称为深度负反馈。

7. 电流串联负反馈放大电路是一种输出端取样量为_____，输入端比较量为_____的负反馈放大电路，它使电路输入电阻_____，输出电阻也_____。

8. 要得到一个由电流控制的电压源，应选择_____负反馈电路。

二、单选题

1. 反馈放大电路的含义是：（   ）。

A. 输入与输出间有信号通路 　　　B. 电路间存在反向传输的信号通路

C. 外信号到放大器之间的信号通路 　　D. 除放大器以外还有信号通道

2. 在下列关于负反馈的说法中，不正确的说法是：（   ）。

A. 负反馈一定使放大器的放大倍数降低

B. 负反馈一定使放大器的输出电阻减小

C. 负反馈可减小放大器的非线性失真

D. 负反馈可对放大器的输入和输出电阻产生影响

3. 在深度负反馈电路中，若开环增益 A 增大 1 倍，闭环增益 A_F 将：（   ）。

A. 增大 1 倍　　　　B. 减小 1 倍　　　　C. 基本不变　　　　D. 为原来的 $\dfrac{1}{F}$

4. 下列说法正确的是：（   ）。

A. 电压串联负反馈使输入电阻、输出电阻都增大

B. 电压并联负反馈使输入电阻、输出电阻都减小

C. 电流串联负反馈使输入电阻、输出电阻都减小

D. 电流并联负反馈使输入电阻、输出电阻都增大

5. 反馈放大器的结构特征是：（   ）。

A. 输入到输出之间存在信号通道

B. 电路中有反向传输的信号通道

C. 元器件内部存在反馈

D. 存在寄生反馈

6. 要想稳定放大器的输出电压，并同时提高其输入电阻，则需引入（   ）负反馈。

A. 电流串联　　　　　　　　　　B. 电压串联

C. 电流并联　　　　　　　　　　D. 电压并联

7. 直流反馈是指（   ）。

A. 只存在于直流放大电路中的反馈　　　　B. 只存在于直流通路中的反馈

C. 反馈信号中只含直流成分的反馈

8. 已知某深度负反馈电路中基本放大器的放大倍数 $A=10000$，反馈网络的反馈系数 $F=0.01$ 则闭环放大倍数 A_F 是：（   ）。

A. 100　　　　　　B. 10000　　　　　　C. 500　　　　　　D. 250

9. 电流并联负反馈对放大器的输入、输出电阻的影响是（   ）。

A. 减小输入电阻及输出电阻　　　　　B. 减小输入电阻、增大输出电阻

C. 增大输入电阻、减小输出电阻　　　　D. 增大输入电阻及输出电阻

10. 电压反馈是指（   ）。

A. 反馈信号是电压　　　　　　　　B. 反馈信号与输出信号串联

C. 反馈信号与输入信号串联　　　　　D. 反馈信号取自输出电压

11. 如果希望减小放大电路从信号源索取的电流，则可采用：（   ）。

A. 串联负反馈　　　　　　　　　B. 并联负反馈

C. 电压负反馈　　　　　　　　　D. 电流负反馈

12. 串联反馈是（   ）。

A. 反馈信号与输出信号串联　　　　　B. 反馈信号与输入信号串联

C. 反馈信号与净输入信号串联

三、判断题

1. 若放大电路的放大倍数为负，则引入的反馈一定是负反馈。　　　　　　（   ）

2. 只要在放大电路中引入反馈，就一定能使其性能得到改善。　　　　　　（   ）

3. 反馈量仅仅决定于输出量。　　　　　　　　　　　　　　　　　　　　（   ）

4. 既然电流负反馈能稳定输出电流，那么必然能稳定输出电压。　　　（　　）

5. 射极输出器为电流串联负反馈。　　　　　　　　　　　　　　　（　　）

6. 若放大电路的 $A > 0$，则接入的反馈一定是正反馈，若 $A < 0$，则接入的反馈一定是负反馈。　　　　　　　　　　　　　　　　　　　　　　　　　　　　（　　）

7. 负反馈只能改善反馈环路以内电路的放大性能，对反馈环路之外电路无效。（　　）

8. 在深度负反馈放大电路中，只有尽可能地增大开环放大倍数，才能有效地提高闭环放大倍数。　　　　　　　　　　　　　　　　　　　　　　　　　　　　（　　）

9. 所有电子电路，只要其输出端有输出信号，必在输入端有与其对应的输入信号。

　　　　　　　　　　　　　　　　　　　　　　　　　　　　　　　　（　　）

四、计算题

1. 如题图 4-1 所示的反馈电路，试求：

1）用瞬时极性法在电路图上标出极性，并指出反馈的类型。

2）说明反馈对输入电阻和输出电阻的影响。

3）在深度负反馈条件下的闭环电压放大倍数。

2. 反馈放大电路如题图 4-2 所示，试指出电路的反馈类型，判断其反馈极性。

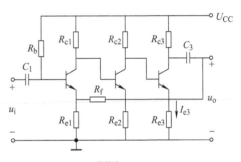

题图　4-1

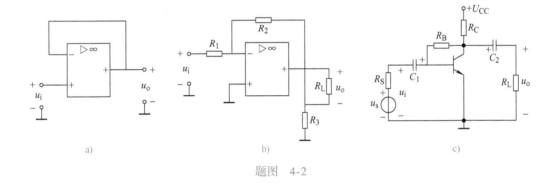

a)　　　　　　　　　　　　b)　　　　　　　　　　　　c)

题图　4-2

模块五

场效应晶体管及其特性

知识导入

近年来，随着汽车、通信、能源、绿色工业等行业企业的高速发展，场效应晶体管凭借其功耗低、性能稳定、抗辐射能力强等优势被广泛使用在大规模和超大规模集成电路中，和我们的生活密不可分。本模块主要介绍场效应晶体管的结构、原理、特性及参数。

场效应晶体管（Field Effect Transistor，FET）是利用输入电路的电场效应来控制输出电路电流的一种半导体器件。其主要有两种类型：结型场效应晶体管（Junction FET，JFET）和金属-氧化物半导体场效应晶体管（Metal-Oxide Semiconductor FET，MOS-FET）。场效应晶体管按沟道和绝缘栅材料不同，分为 N 沟道和 P 沟道两种；按导电方式不同，分为耗尽型与增强型，结型场效应晶体管均为耗尽型，绝缘栅型场效应晶体管既有耗尽型的，也有增强型的。

场效应晶体管由多数载流子参与导电，也称为单极型晶体管。它属于电压控制型半导体器件，具有输入电阻高（$10^7 \sim 10^{15}\,\Omega$）、噪声小、功耗低、动态范围大、易于集成、没有二次击穿现象、安全工作区域宽等优点，现已成为双极型晶体管和功率晶体管的强大竞争者。

知识要求

1. 掌握绝缘栅型场效应晶体管的结构、工作原理及伏安特性。
2. 掌握结型场效应晶体管的结构、工作原理及伏安特性。
3. 了解各种场效应晶体管的外特性及主要参数。

技能要求

1. 识别场效应晶体管。
2. 会分析比较场效应晶体管放大电路与晶体管放大电路各自的特点及其应用场合。

素养要求

培养严谨认真、精益求精的工匠精神。

参考学时

4 学时

课题一　绝缘栅场效应晶体管

绝缘栅场效应晶体管也称金属-氧化物半导体场效应晶体管，简称 MOS 管。它具有比结型场效应晶体管更高的输入阻抗（可达 $10^{12}\,\Omega$ 以上），并且制造工艺比较简单，使用灵活方便，非常有利于高度集成化。

EMOS场效应晶体管

一、绝缘栅场效应晶体管结构原理

图 5-1 所示为 N 沟道增强型 MOS 管结构与符号，MOS 管中衬底为 P 型半导体，在它的上面是一层 SiO_2 薄膜，在 SiO_2 薄膜上盖有一层金属铝，如果在金属铝层和半导体之间加电压 U_{GS}，则金属铝与半导体之间会产生一个垂直于半导体表面的电场，在这一电场作用下，P 型半导体硅表面的多数载流子（空穴）受到排斥，会使硅片表面产生一层缺乏载流子的薄层。同时在电场作用下，P 型半导体中的少数载流

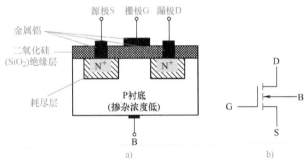

图 5-1　N 沟道增强型 MOS 管结构与符号

a）结构　b）符号

子（电子）会被吸引到半导体的表面，并被空穴所俘获而形成负离子，组成不可移动的空间电荷层（又称耗尽层或受主离子层）。U_{GS} 越大，电场排斥硅表面层中的空穴越多，则耗尽层越宽，且 U_{GS} 越大，电场越强；当 U_{GS} 增大到某一栅源电压值 U_T（又称临界电压或开启电压），电场在排斥半导体表面层的多数载流子（空穴）形成耗尽层之后，就会吸引少数载流子（电子），继而在表面层内形成电子的积累，从而使原来空穴占多数的 P 型半导体表面形成 N 型薄层。该层由于与 P 型衬底的导电类型相反，故称为反型层。在反型层下才是负离子组成的耗尽层。该 N 型电子层，把原来被 PN 结高阻层隔开的源区和漏区连接起来，形成导电沟道。

二、绝缘栅场效晶体应管工作原理

增强型：$U_{GS}=0$ 时，漏源之间没有导电沟道，在 U_{DS} 作用下无 I_D。

耗尽型：$U_{GS}=0$ 时，漏源之间有导电沟道，在 U_{DS} 作用下有 I_D。

1. 结构和符号

N 沟道 MOS 管符号和 P 沟道 MOS 管符号分别如图 5-2 和图 5-3 所示。

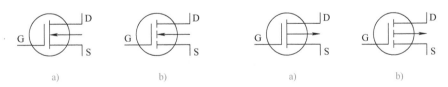

图 5-2　N 沟道 MOS 管符号

a）N 沟道耗尽型 MOS 管符号

b）N 沟道增强型 MOS 管符号

图 5-3　P 沟道 MOS 管符号

a）P 沟道耗尽型 MOS 管符号

b）P 沟道增强型 MOS 管符号

2. 工作原理（以 N 沟道增强型为例）

1）N 沟道增强型 MOS 管 $U_{GS} = 0$ 时如图 5-4 所示。$U_{GS} = 0$ 时，不管 U_{DS} 极性如何，其中总有一个 PN 结反偏，所以不存在导电沟道，$U_{GS} = 0$，$I_D = 0$。

U_{GS} 必须大于 0，MOS 管才能工作。

2）N 沟道增强型 MOS 管 $U_{GS} > 0$ 时如图 5-5 所示。$U_{GS} > 0$ 时，在 SiO_2 介质中产生一个垂直于半导体表面的电场，排斥 P 区多子（空穴）而吸引少子（电子）。当 U_{GS} 达到一定值时，P 区表面将形成反型层把两侧的 N 区沟通，形成导电沟道。过程如下：

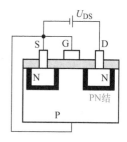

图 5-4　N 沟道增强型
MOS 管 $U_{GS} = 0$ 时

$U_{GS} > 0 \rightarrow G$ 吸引电子 $\rightarrow$ 形成反型层 $\rightarrow$ 形成导电沟道。

U_{GS} 上升 $\rightarrow$ 反型层变厚 $\rightarrow U_{DS}$ 上升 $\rightarrow I_D$ 上升。

3）N 沟道增强型 MOS 管 $U_{GS} \geq U_T$ 而 U_{DS} 较小时如图 5-6 所示，$U_{GS} \geq U_T$ 而 U_{DS} 较小时：U_{DS} 上升，I_D 上升。U_T 为开启电压，是在 U_{DS} 作用下开始导电时的 U_{GS}，$U_T = U_{GS} - U_{DS}$。

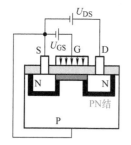

图 5-5　N 沟道增强型 MOS 管 $U_{GS} > 0$ 时

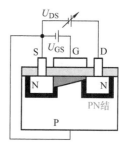

图 5-6　N 沟道增强型 MOS 管 $U_{GS} \geq U_T$ 而 U_{DS} 较小时

4）$U_{GS} > 0$ 且 U_{DS} 增大到一定值后，靠近漏极的沟道被夹断，形成夹断区，U_{DS} 上升，I_D 不变。

3. 特性曲线

N 沟道增强型 MOS 管输入特性曲线由 I_D 与 U_{GS} 的关系决定，输出曲线反映 I_D 与 U_{DS} 的关系，N 沟道增强型 MOS 管特性曲线如图 5-7 所示。

4. 其他类型 MOS 管

1）N 沟道耗尽型：制造时在栅极绝缘层中掺有大量的正离子，所以即使在 $U_{GS} = 0$ 时，由于正离子的作用，两个 N 区之间也存在导电沟道，N 沟道耗尽型 MOS 管特性曲线如图 5-8 所示。

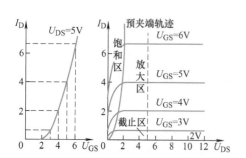

图 5-7　N 沟道增强型 MOS 管特性曲线

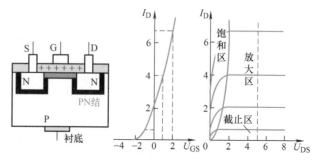

图 5-8　N 沟道耗尽型 MOS 管特性曲线

2）P沟道增强型：$U_{GS}=0$时，$I_D=0$，开启电压小于零，所以只有当$U_{GS}<0$时MOS管才能工作，P沟道增强型MOS管特性曲线如图5-9所示。

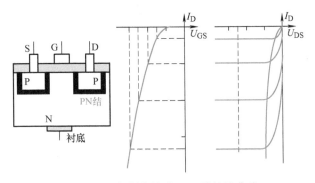

图5-9 P沟道增强型MOS管特性曲线

3）P沟道耗尽型：制造时在栅极绝缘层中掺有大量的负离子，所以即使在$U_{GS}=0$时，由于负离子的作用，两个P区之间也存在导电沟道，P沟道耗尽型MOS管特性曲线如图5-10所示。

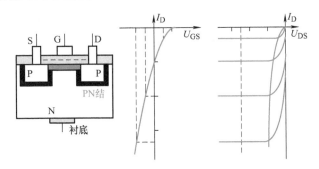

图5-10 P沟道耗尽型MOS管特性曲线

5. 场效应晶体管的主要参数

1）开启电压U_T：在U_{DS}为一固定数值时，能产生I_D所需要的最小$|U_{GS}|$值（增强型）。

2）夹断电压U_P：在U_{DS}为一固定数值时，使I_D对应一微小电流时的$|U_{GS}|$值（耗尽型）。

3）饱和漏极电流I_{DSS}：在$U_{GS}=0$时，MOS管发生预夹断时的漏极电流（耗尽型）。

4）极间电容：漏源电容C_{DS}为$0.1\sim1$pF，栅源电容C_{GS}和栅漏极电容C_{GD}为$1\sim3$pF。

5）低频跨导g_m：表示U_{GS}对I_D的控制作用。

$$g_m=\frac{dI_D}{dU_{GS}}|U_{DS}$$

在转移特性曲线上，g_m是曲线在某点上的斜率，也可由I_D的表达式求导得出。

6）最大漏极电流I_{DM}。

7）最大漏极耗散功率P_{DM}。

8）漏源击穿电压$U_{(BR)DS}$。

9）栅源击穿电压$U_{(BR)GS}$。

课题二　结型场效应晶体管

结型场效应
晶体管

结型场效应晶体管是一种利用耗尽层宽度改变导电沟道的宽窄来控制漏极电流大小的器件，包括 N 沟道和 P 沟道两种，它们分别包含了增强型和耗尽型。它是在 N 型半导体硅片的两侧各制造一个 PN 结，形成两个 PN 结夹着一个 N 型沟道的结构，结型场效应晶体管结构与符号如图 5-11 所示。P 区即为栅极 G，N 型硅的一端是漏极 D，另一端是源极 S。

图 5-11 中箭头方向表示栅极电流方向。

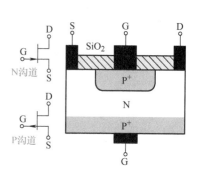

图 5-11　结型场效应晶体管结构与符号

1. N 沟道结型场效应晶体管工作原理

（1）U_{GS} 对导电沟道的影响

1）$U_{GS} = 0$ 时，$U_{DS} = 0$，$I_D = 0$，如图 5-12a 所示。U_P $[U_{GS}（OFF）]$ 称为夹断电压，当 $U_{GS} = U_P$ 时，栅源之间是反偏的 PN 结，$R_{GS} > 10^7 \Omega$，所以 $I_G = 0$。

2）$0 < |U_{GS}| < |U_P|$ 时，$|U_{GS}|$ 上升，耗尽层变宽，如图 5-12b 所示。

3）$|U_{GS}| = |U_P|$ 时，导电沟道被全夹断，如图 5-12c 所示。

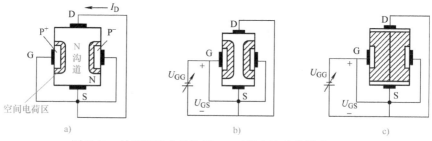

图 5-12　结型场效应晶体管 U_{GS} 对导电沟道的影响（一）

（2）$U_{DS} > 0$ 但 $|U_{GS} - U_{DS}| < |U_P|$ 时　U_{DS} 增加，D 端电位高，S 端电位低，导电沟道内存在电位梯度，所以耗尽层上端变宽。U_{DS} 上升，I_D 上升，如图 5-13a 所示。

（3）$|U_{GS} - U_{DS}| = |U_P|$ 时　导电沟道在 a 点相遇，沟道被夹断。$U_{GS} = 0$ 时，产生夹断时的 I_D 称为漏极饱和电流 I_{DSS}，如图 5-13b 所示。

U_{DS} 上升，夹断区增大，场强上升，$I_D = I_{DSS}$ 基本不变，如图 5-13c 所示。

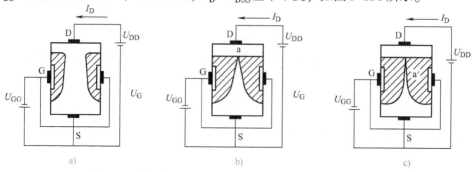

图 5-13　结型场效应晶体管 U_{GS} 对导电沟道的影响（二）

2. N 沟道结型场效应晶体管输出特性

N 沟道结型场效应晶体管输出特性表示 U_{GS} 一定时，I_D 与 U_{DS} 之间的变化关系。结型场效应晶体管的输出特性曲线如图 5-14 所示。

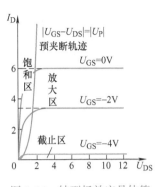

图 5-14　结型场效应晶体管的输出特性曲线

（1）截止区（夹断区）　如果 $U_P = -4V$，则 $U_{GS} = -4V$ 以下区域就是截止区，$U_{GS} \leq U_P$，$I_D = 0$。

（2）放大区（恒流区）　产生夹断后，U_{DS} 增大，I_D 不变的区域为放大区，$|U_{GS} - U_{DS}| \geq |U_P|$，$U_{DS}$ 上升，I_D 不变。处于恒流区的场效应晶体管相当于一个压控电流源。

（3）饱和区（可变电阻区）　未产生夹断时，U_{DS} 增大、I_D 随着增大的区域为饱和区，$|U_{GS} - U_{DS}| \leq |U_P|$，$U_{DS}$ 上升，I_D 上升。处于饱和区的场效应晶体管相当于一个压控可变电阻。

3. 场效应晶体管特点

1）场效应晶体管是电压控制器件，它通过 U_{GS}（栅源电压）来控制 I_D（漏极电流）。

2）场效应晶体管的控制输入端电流极小，因此它的输入电阻（$10^7 \sim 10^{12}\Omega$）很大。

3）它是利用多数载流子导电，因此它的温度稳定性较好。

4）它组成的放大电路的电压放大系数要小于晶体管组成放大电路的电压放大系数。

5）场效应晶体管的抗辐射能力强。

6）由于它不存在杂乱运动的电子扩散引起的散粒噪声，所以噪声低。

4. 场效应晶体管作用

1）场效应晶体管可应用于放大电路。由于场效应晶体管放大器的输入阻抗很高，因此耦合电容器可以电容量较小，不必使用电解电容器。

2）场效应晶体管很高的输入阻抗非常适合进行阻抗变换，常用于多级放大器的输入级。

3）场效应晶体管可以用作可变电阻。

4）场效应晶体管可以方便地用作恒流源。

5）场效应晶体管可以用作电子开关。

5. 场效应晶体管与晶体管的各自应用特点

1）场效应晶体管的源极 S、栅极 G、漏极 D 分别对应于晶体管的发射极 E、基极 B、集电极 C，它们的作用相似。

2）场效应晶体管是电压控制电流器件，由 U_{GS} 控制 I_D，其放大系数 g_m 一般较小，因此场效应晶体管的放大能力较差；晶体管是电流控制电流器件，由 I_B（或 I_E）控制 I_C。

3）场效应晶体管栅极几乎不吸取电流；而晶体管工作时基极总要吸取一定的电流。因此场效应晶体管的栅极输入电阻比晶体管的输入电阻高。

4）场效应晶体管是由多子参与导电；晶体管有多子和少子两种载流子参与导电，而少子浓度受温度、辐射等因素影响较大，因而场效应晶体管比晶体管的温度稳定性好、抗辐射能力强。在环境条件（温度等）变化很大的情况下应选用场效应晶体管。

5）场效应晶体管在源极金属与衬底连在一起时，源极和漏极可以互换使用，且特性变化不大；而晶体管的集电极与发射极互换使用时，其特性差异很大，β 值将减小很多。

6）场效应晶体管的噪声系数很小，在低噪声放大电路的输入级及要求信噪比较高的电路中要选用场效应晶体管。

7）场效应晶体管和晶体管均可组成各种放大电路和开关电路，但由于前者制造工艺简单，且具有耗电少、热稳定性好、工作电源电压范围宽等优点，因而被广泛用于大规模和超大规模集成电路。

8）晶体管导通电阻大，场效应晶体管导通电阻小，只有几百毫欧姆，用电器件上，一般都用场效应晶体管来做开关，它的效率比较高。

技能训练

结型场效应晶体管放大电路参数测试

【实训目的】

1. 了解结型场效应晶体管的可变电阻特性。

2. 掌握共源极放大电路的特点。

【设备器材】

双踪示波器1台、函数发生器1台、晶体管毫伏表1块、数字万用表1块、直流稳压电源1个、结型场效应晶体管放大电路1块。

【重点难点】

1. 实验电路

本电路是一种自偏压电路。其中，一些开关和接线柱是为便于进行有关实验内容而设置的，结型场效应晶体管放大电路如图5-15所示。

2. 工作原理

结型场效应晶体管用作可变电阻。N沟道结型场效应晶体管的输出曲线如图5-16所示，从图中可以看出，场效应晶体管的工作状态可以分为三个区：可变电阻区、饱和区、击穿区。在可变电阻区内 I_D 与 U_{DS} 近似为线性关系，I_D 增加的比率受 U_{GS} 控制。因此，可以把场效应晶体管的 D、S 之间看成一个受 U_{GS} 控制的电阻。测量 r_{DS} 的电路如图5-17所示。

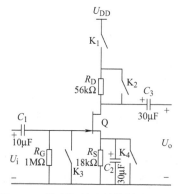

图 5-15　结型场效应晶体管放大电路

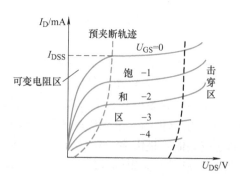

图 5-16　N 沟道结型场效应晶体管的输出曲线

图 5-17 中

$$I_D = \frac{U_1}{R_D}$$

$$r_{DS} = \frac{U_2}{I_D} = \frac{U_2}{U_1} R_D$$

在 II 区内，场效应晶体管在夹断后，电流 I_D 的大小几乎完全受 U_{GS} 的控制。即可以把场效应晶体管看成一个压控电流源，这也是场效应晶体管的放大区。

结型场效应晶体管的转移特性曲线如图 5-18 所示。

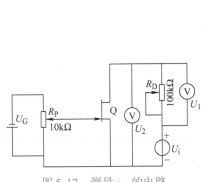
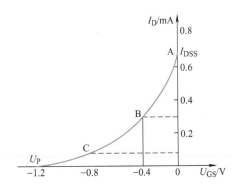

图 5-17　测量 r_{DS} 的电路　　　图 5-18　结型场效应晶体管的转移特性曲线

图 5-18 中，$U_{GS} = 0$ 时的 I_D 称为饱和漏电流 I_{DSS}，$I_D = 0$ 时的 U_{GS} 称为夹断电压 U_P，转移特性曲线可用下式表示

$$I_D = I_{DSS} \left(1 - \frac{U_{GS}}{U_P} \right)^2 \quad (\text{当 } U_P \leqslant U_{GS} \leqslant 0)$$

【实训步骤】

1）测量结型场效应晶体管的可变电阻。

① 按图 5-17 接线。其中，U_i 为 10 ~ 100mV，$f = 1000$Hz 的正弦波信号。

② 令 $U_{GS} = 0$，调节 U_1，使 U_2 在 0 ~ 100mV 范围内变化，读出 U_1 和 U_2 的值，计算 r_{DS} 值并填入表 5-1 中。

③ 分别将 U_{GS} 调至 $\dfrac{U_P}{5}$、$\dfrac{2U_P}{5}$、$\dfrac{3U_P}{5}$ 和 $\dfrac{4U_P}{5}$，重复以上几步。

表 5-1　测量 r_{DS} 数据表

	U_i/mV	10	20	40	60	80	100
	U_2						
$U_{GS} = 0$	U_1						
	r_{DS}						
	U_2						
$U_{GS} = \dfrac{U_P}{5}$	U_1						
	r_{DS}						

2）测量共源极放大电路。

①测量静态工作点。在图5-15中，将K_1闭合，K_2、K_3和K_4断开，接通工作电源，分别测出U_G、U_S、U_D、I_D并填入表5-2中。

表5-2　静态工作点

项　目	U_S	U_G	U_D	I_D
测量值				
计算值				

②测量电压放大倍数A_u，输入$f = 1000\,\text{Hz}$、有效值为0.5V的正弦波信号，分别测量U_i和U_o并填入表5-3。

表5-3　测量数据

项　目	U_i	U_o	$A_u = U_o/U_i$
测量值			
计算值			

3）测量输入电阻和输出电阻并填入表5-4。

测量方法参见单管放大器实验，不同的是，测输入电阻时，在放大器的输入端串入的电阻要大一些，这里选$R = 1\,\text{M}\Omega$。测输出电阻时，外接负载电阻选$R_L = 56\,\text{k}\Omega$。

表5-4　输入电阻和输出电阻的测量

U_s	U_i	R_i	U_o	U_o'	R_o

【实训总结】

实测值与理论计算值之间存在误差，应分析误差产生的原因。

【拓展练习】

1. 实训中所用的自给偏压电路能否使结型场效应晶体管工作在截止区？为什么？

2. 测输入电阻时，为什么在场效应晶体管放大器的输入端串入的电阻要比在晶体管放大器的输入端串入的电阻大一些？

小　结

1. 场效应晶体管以输入电压来控制输出电流，属于电压控制型器件。

2. 场效应晶体管的分类：

3. 场效应晶体管工作时输入端 G、S 端的 PN 结处于反偏，因此输入电阻极高，这对于放大微弱信号非常有利。而晶体管工作时输入端 B、E 端的 PN 结处于正偏，因此输入电阻很低。

4. 场效应晶体管工作时只有扩散电流，没有漂移电流，因此它又称单极型晶体管。

思考与练习题

一、填空题

1. 按照结构，场效应晶体管可分为_____。

2. 场效应晶体管属于_____型器件，它是利用一种载流子导电的。

3. 场效应晶体管突出的优点是_____。

4. 与双极型晶体管类似，场效应晶体管也可接成三种基本放大电路，即_____极，_____极和_____极放大电路。

5. $U_{GS(off)}$ 表示_____电压，I_{DSS} 表示_____电流，它们是_____型场效应晶体管的参数。

二、单选题

1. 对于结型场效应晶体管，如果 $|U_{GS}| > |U_P|$，那么场效应晶体管一定工作于（　　）。

A. 可变电阻区　　　　B. 饱和区　　　　　　C. 截止区　　　　　　D. 击穿区

2. $U_{GS} = 0$ 时，能够工作在饱和区的场效应晶体管有（　　）。

A. 结型 MOS 管　　　B. 增强型 MOS 管　　C. 耗尽型 MOS 管

3. P 沟道增强型 MOS 管工作在恒流区的条件是（　　）。

A. $U_{GS} < U_T$，$U_{DS} \geq U_{GS} - U_T$　　　　　　B. $U_{GS} < U_T$，$U_{DS} \leq U_{GS} - U_T$

C. $U_{GS} > U_T$，$U_{DS} \geq U_{GS} - U_T$　　　　　　D. $U_{GS} > U_T$，$U_{DS} \leq U_{GS} - U_T$

4. （　　）具有不同的低频小信号电路模型。

A. NPN 型管和 PNP 型管

B. 增强型场效应晶体管和耗尽型场效应晶体管

C. N 沟道场效应晶体管和 P 沟道场效应晶体管

D. 晶体管和场效应晶体管

5. 当 $U_{GS} = 0$ 时，（　　）不可能工作在饱和区。

A. JFET　　　　　　　　　　　　　　B. 增强型 MOS 管

C. 耗尽型 MOS 管　　　　　　　　　D. NMOS 管

6. 下列场效应晶体管中，无原始导电沟道的为（　　）。

A. N 沟道 JFET　　　　　　　　　　B. 增强型 PMOS 管

C. 耗尽型 NMOS 管　　　　　　　　D. 耗尽型 PMOS 管

三、判断题

1. 晶体管是电流控制器件，而 FET 是电压控制电流器件。　　　　　　　　　　（　　）

2. 晶体管和 FET 都只依靠一种载流子导电，属于单极型器件。 （　　）

3. 晶体管和 FET 两种器件的控制原理相同，组成电路的形式相似。 （　　）

4. 晶体管和 FET 都具有输入阻抗高、噪声低等一系列优点。 （　　）

5. 按三端有源器件三个电极的不同连接方式，晶体管和场效应晶体管可以组成六种放大器组态。 （　　）

6. 晶体管和场效应晶体管放大器组态分为反相电压放大器、电压跟随器和电流跟随器。 （　　）

7. 场效应晶体管用于放大电路时，应工作于饱和区。 （　　）

四、计算题

场效应晶体管的符号如题图 5-1 所示，试指出各场效应晶体管的类型。

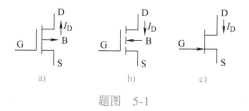

题图　5-1

模块六

数字电路基础

⟳ 知识导入

　　本模块首先将介绍模拟电路和数字电路的区别和联系。然后会详细介绍几种常用的数制，即十进制、二进制、八进制和十六进制以及各种数制之间的转换方法与对应关系。最后会介绍码制的概念，即编码的方式，包括原码、反码、补码的定义，几种常用的码制，以及8421 码、2421 码、5421BCD 码、余 3 码、格雷码的特点与性质。

⟳ 知识要求

　　1. 了解数字电子技术基本概念、电路特点。

　　2. 了解数制、码制的概念，掌握数制间的转换方法。

⟳ 技能要求

　　1. 能够通过查找资料或上网获取学习所需信息。

　　2. 能够完成各种进制间的转换。

⟳ 素养要求

　　培养严谨认真、精益求精的工匠精神。

⟳ 参考学时

　　6 学时

课题一　数字电路概述

一般把电子电路分成两大类：一类称为模拟电路；另一类称为数字电路。模拟电路处理模拟信号，数字电路处理数字信号。数字信号反映的是电路的状态，它与电平高低的变化有关，而与电平的具体大小值关系不大，传递的信号经常是"有"或"无"，"开"或"关"等，这种关系被称为"二值逻辑"，通常用"1""0"两个基本的数字符号表示这两种工作状态。"1""0"按照一定的规律编制成不同的代码，用以代表不同的含义来进行信息的传送和过程的控制。由于数字电路处理的是状态变换，所以对元件精度要求不高，易于集成，成本低廉，使用方便。比如人们常关心的只是有无电压脉冲、间隔电压出现的次数（脉冲数量）、高电压或低电压维持的时间（脉冲宽度）等。所以，数字电路组成的数字系统工作可靠、精度高、抗干扰能力强，在各个领域应用很广。在汽车电路中数字集成电路随处可见，汽车电子控制单元（ECU）就是一个典型的数字系统。

在数字电路中，我们关注的是输出与输入之间的逻辑关系，也就是因果关系。

1. 模拟电路

模拟信号是指那些在时间和数值上都是连续变化的信号。例如正弦交流电信号，其反映的就是输出与输入之间信号的大小、相位变化等；还有广播电视中传送的各种语音信号和图像信号；汽车的温度、压力、速度等电信号。其特点是在任一个时刻都有一个确定的值与相应物理量的特征对应。一般来说，这种信号都是连续变化的，不会产生突变。模拟信号如图6-1a所示。这些模拟信号所处理的电路称为模拟电路。

2. 数字电路

数字信号是指那些在时间和数值上均是离散的、不连续的信号。例如单个的开关信号、多路并行的开关信号以及频率信号统称为数字量或数字信号。现代汽车上的曲轴位置传感器信号，发动机转速信号和用于故障自诊的故障码等，都是典型的数字信号。数字信号如图6-1b所示。其特点是在一些特定的时间点上出现，而且信号的大小只能按一定的增量或阶梯来变化和取值。数字信号只有两种状态：高电平、低电平；或者有无信号，用0和1表示。这些数字信号所处理的电路称为数字电路。

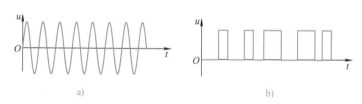

图6-1　模拟信号和数字信号

a）模拟信号　b）数字信号（控制信号）

（1）脉冲电路　在短暂的时间间隔内作用于电路上的各种电压或电流信号称为脉冲信号。广义上，一切非正弦波信号都可统称为脉冲信号。这些波形虽然形状各不相同，但它们都具有脉动或突变的特点。脉冲电路是产生、变换和控制这些脉冲信号的电路，通常由开关电路和惰性电路组成。

脉冲电路属于数字电路。矩形波是最常用的一种脉冲信号，由于它只输出高、低电平，人们常把它称为控制信号，汽车中常用的就是这种控制信号。

（2）开关电路　开关信号也称开关量，就是 0 或 1 两种电平状态的信号。各种机械式开关、接近开关、限位开关、按钮（按键）、继电器以及非接触式器件（如光电开关、电磁开关、霍尔器件等）都是汽车控制系统常用的开关信号输入设备。这些按键或按钮都是接在开关电路中，通过电路的"通"和"断"形成 0 和 1 两种状态信号，所以称为开关电路，开关电路属于数字电路。

（3）频率信号　频率信号就是周期性频繁变化的开关信号，也属于数字信号。频率信号用于测量信号的频率、周期或用于计数，例如汽车中常用的光电式、霍尔效应式转速传感器产生的信号就是频率信号。

课题二　数制与码制

一、数制

数制是一种计数的方法。数制也称为计数制，是指用一组相对固定的数字符号和统一的规则来表示数值大小的方法。在不同的数制中，数的进位方式和计数方法各不相同。人们常用十进制数，而在数字电路中则更多采用二进制数、八进制数、十六进制数等。我们知道，$2^3 = 8$，$2^4 = 16$，所以，八进制、十六进制数就是为了书写方便。

一种数制所具有的数码个数称为该数制的基数，该数制数中不同位置上数码的单位数值称为该数制的位权或权。

1. 十进制

十进制是我们日常生活中最常用的计数制，它以 10 为基数，用 0、1、2、3、4、5、6、7、8、9 十个不同的符号构成基本数码，十进制整数中从个位起各位的权分别为 10^0、10^1、10^2、…、10^n，小数起分别为 10^{-1}、10^{-2}、…、10^{-n}。任何一个十进制数都可以用上述十个数码按一定规律排列起来表示，遵循"逢十进一"的原则，其数值就是把各位的位权乘以该位的系数相加之和。

给定一个十进制数，其表示的数值的大小为 $(86.34)_{10} = 8 \times 10^1 + 6 \times 10^0 + 3 \times 10^{-1} + 4 \times 10^{-2}$。

2. 二进制

在二进制中，数码有两个，即 0 和 1，基数为 2，运算规则是"逢二进一"，即 $1 + 1 = 10$。二进制整数中从个位起各位的权分别为 2^0、2^1、2^2、…、2^n。把二进制数按位权展开式展开，求出各项的和，即可转换为十进制数。如给定一个二进制数 1101，其表示的十进制数的数值的大小为

$$(1101)_2 = 1 \times 2^3 + 1 \times 2^2 + 0 \times 2^1 + 1 \times 2^0 = (13)_{10}$$

【例 6-1】　$(11011)_2 = 1 \times 2^4 + 1 \times 2^3 + 0 \times 2^2 + 1 \times 2^1 + 1 \times 2^0 = (27)_{10}$

将十进制整数转换为二进制数可采用除 2 取余法。其方法是将十进制整数连续除以 2，求得各次的余数，直到商为 0 止，然后先得到的余数列在低位，最后得到的余数列在高位，

就得到二进制数。

【例6-2】 将十进制数19转换为二进制数：

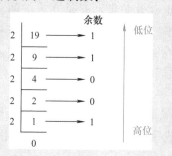

所以，$(19)_{10} = (10011)_2$。

小数部分采用乘2取整法。

计算机中最为直接、最基本的操作就是对二进制数的操作。一个二进制数位称为一个"位"，用bit表示。其特点是：只用两个数码符号0和1（在实际电路中，"0"表示低电平，"1"表示高电平）；它的每一位都可以用电子元件来实现，并且运算规则简单。

3. 十六进制

由于二进制数在使用时过于冗长、难记、易错，而十进制数虽然容易被人们掌握和理解，但其与二进制数的转换过于复杂。因此人们引入了十六进制。

十六进制的十六个数码为 0~9、A、B、C、D、E、F，基数为16，遵循"逢十六进一"原则，即 $F + 1 = 10$，如 $(7F)_{16} = 7 \times 16^1 + 15 \times 16^0 = (127)_{10}$

【例6-3】 将十六进制转换成十进制数。$(3AD)_{16} = 3 \times 16^2 + 10 \times 16^1 + 13 \times 16^0 = 768 + 160 + 13 = (941)_{10}$

用十六进制数转换成二进制数时，将每位十六进制数用四位二进制数来代替，再按原来的顺序排列起来便得到了相应的二进制数。

【例6-4】 将十六进制数 $(3AE4.9CB)_{16}$ 转换成二进制数。

解：$(3AE4.9CB)_{16} = (11101011100100.100111001011)_2$。

【例6-5】 将二进制数 $(10011011001.10101)_2$ 转换成十六进制数。

解：$(10011011001.10101)_2 = (4D9.A8)_{16}$。

表6-1反映了三种数制的对应关系。

表6-1 三种数制的对应关系

十进制数（D）	十六进制数（H）	二进制数（B）	十进制数（D）	十六进制数（H）	二进制数（B）
0	0	0000	3	3	0011
1	1	0001	4	4	0100
2	2	0010	5	5	0101

（续）

十进制数（D）	十六进制数（H）	二进制数（B）	十进制数（D）	十六进制数（H）	二进制数（B）
6	6	0110	11	B	1011
7	7	0111	12	C	1100
8	8	1000	13	D	1101
9	9	1001	14	E	1110
10	A	1010	15	F	1111

二、码制

1. 码制的概念

在计算机内部，能直接表示和使用有数值、字符和逻辑等数据类型，它们都采用二进制代码的形式来表示。数值的正负符号也需要数码化。通常把一个数的最高位作为符号位，0 表示正，1 表示负，后面各位数码表示数值。符号数码化的数称为机器数，而符号未经数码化的数称为真数。符号位数码化后，它应同数值一样可参加运算。通过引进原码、反码和补码的编码方法，还能把减法运算变成加法运算。下面介绍机器数的码制。

（1）原码　MCS-51 系列单片机是高性能的 8 位单片机，可以寻址 8 位数据，即每个字节（Byte）有 8 个位（bit），存取一个 8 位二进制数。若没有符号，则它的十进制取值范围为（0~255）。当处理带符号的数时，它的取值范围将要发生变化。将 8 位二进制数的最高位定义为数的符号位，0 为正，1 为负，则这样的 8 位二进制数称为机器数的原码。它的取值范围是（-127 ~ -0，+0 ~ +127）共 256 个。

（2）反码　有了数值的表示方法就可以对数进行算术运算，但是用带有符号位的原码进行乘除运算时结果正确，而在加减运算时结果有偏差。这是因为在最高位为 1 的负数上产生了反码，正数的反码等于其原码；负数的反码是除了符号位 1 以外，其余部分取反（0 变成 1，1 变成 0）得出。如：正数原码为 1101101 的反码为 1101101 不变，而负数原码为 10001110 的反码则变成 11110001。反码的取值空间与原码相同且一一对应。

（3）补码　使用反码进行加减运算虽然消除了结果偏差，但是有时会产生"+0"和"-0"这样的结果，而机器会认为"+0≠-0"。但是 0 是没有正负之分的，于是在计算机中又引入了补码。正数的补码等于其原码；负数的补码等于其反码加 1。如：正数原码为 1011001 的补码为 1011001 不变，而负数原码为 11011001 的补码则变成 10100111。这样，在补码中就用"-128"代替了"-0"，补码的取值范围为"-128 ~ +127"共 256 个。

使用补码进行运算，可以使符号位也参加有效值部分的运算，简化了运算规则，同时，也使减法运算转换为加法运算，进一步简化了运算器的电路设计。而机器数原码、反码和补码之间的所有转换的过程都是在计算机的最底层进行的，在使用汇编等高级语言进行编程时使用的都是机器数的原码。

2. 码制

码制即编码的方式，也称为代码。编码就是用按一定规则组成的二进制码去表示文字、数字、符号等信息。

由于数字系统只能识别 0 或 1，为了让数字系统识别或表示更多的数码、符号及字母，必须对 bit 进行编码。美国信息交换标准代码（ASCII）就是采用 7 位 bit 对字符进行编码（共计 128 个字符代码），来表示最常用的打印或不可打印的字符的编码。代码是用以表示十进制数码、字母、符号等信息的一定位数的二进制数。

（1）BCD（Binary Coded Decimal）码　BCD 码是用二进制数表示十进制数的编码方法，称为二 – 十进制编码，即 BCD 码。

码制

由于十进制数有十个不同的数码，因此，需要用四位二进制数码来表示一位十进制数。而四位二进制代码有十六种不同的组合，从中取出 10 种来表示 0~9 十个数字符号，可有多种方案。常用的 BCD 码有 8421 码、5421 码、2421 码等编码方式。

权从高位到低位依次为 2^3、2^2、2^1、2^0 的，称为 8421 码；权从高位到低位依次为 2^1、2^2、2^1、2^0 的，则称为 2421 码。如果在 8421 码中，依次加二进制数 0011，则得到余 3 码。表 6-2 给出了几种常用 BCD 码。

表 6-2　常用 BCD 码

十进制数	8421 码	2421 码	5421 码	余 3 码	格雷码
0	0000	0000	0000	0011	0000
1	0001	0001	0001	0100	0001
2	0010	0010	0010	0101	0011
3	0011	0011	0011	0110	0010
4	0100	0100	0100	0111	0110
5	0101	1011	1000	1000	0111
6	0110	1100	1001	1001	0101
7	0111	1101	1010	1010	0100
8	1000	1110	1011	1011	1100
9	1001	1111	1100	1100	1101
权	8421	2421	5421		

① 8421 码。这种代码取了四位自然二进制数码的前十种组合，即 0000~1001，去掉后六种组合 1010~1111。它每一位的位权值是固定不变的，从高位到低位分别为 8、4、2、1，所以称为 8421 码，它为恒权码。每组二进制代码按位权展开求和就是它所代表的十进制数。

【例 6-6】　8421 码与十进制数之间的转换（只要直接按位转换即可）。

$$(729)_{10} = (0111\ 0010\ 1001)_{8421}$$

$$(0110\ 0101\ 0011)_{8421} = (653)_{10}$$

② 2421 码和 5421 码也是恒权码，从高位到低位的位权值分别为 2、4、2、1 和 5、4、2、1。每组代码按位权展开求和就是它所代表的十进制数。

③ 余 3 码。它没有固定的位权，为无权码，它比 8421 码多余 3（0011），所以称余 3 码。

④ 格雷码。格雷码也是一种无权码。它的特点是任意两组相邻代码之间只有一位不同，这个特性使它在形成和传输过程中引起的错误较少。例如，当将代码 0100 误传为 1100 时，格雷码只不过是十进制数 7 和 8 之差，二进制数码则是十进制数 4 和 12 之差。格雷码的缺点是与十进制数之间不存在规律性的对应关系，不够直观。

（2）**字符代码**　对各个字母和符号编制的代码称为字符代码。字符代码的种类繁多，目前在计算机和数字通信系统中被广泛采用的是美国信息交换标准代码（American Standard Code for Information Interchange，ASCII），ASCII采用8位二进制数编码，可以表示$2^8 = 256$个字符。

（3）**其他代码**　在数字系统中，任何信息包括各种特定的对象、信号等都要转化为二进制代码来代替。如现代汽车上都配备自诊断系统，汽车的电子控制单元（ECU）就能够自动检测汽车本身的故障，而各种故障在ECU中以代码形式存储起来，这些代码就是故障码，它们是厂家设计好的，只能读出，而诊断仪就是译码器，将这些代码"翻译"出来，告诉检修人员这些代码的固定含义。

小　结

本模块需要学生了解模拟电路与数字电路的区别，了解数字电路的基本特点；重点掌握几种常用数制，即十进制、二进制、八进制和十六进制以及它们相互间的转换方法，掌握8421码的构成，掌握带符号数在计算机中的三种基本表示方法，掌握原码、反码、补码的概念以及运算。

思考与练习题

一、填空题

1. 数字信号的特点是在_____上和_____上都是断续变化的，其高电平和低电平常用_____和_____来表示。

2. 十进制数19转换为二进制数等于_____。

3. 已知：$A = (1111011)_2$，则 $A = ($_____$)_{10} = ($_____$)_{8421} = ($_____$)_{16}$。

4. $(01000101.00000001)_{8421} = ($_____$)_{10}$。

5. 将十进制数转换成8421码，$(36)_{10} = ($_____$)_{8421}$。

6. 将二进制数转换成八进制数，$(101101)_2 = ($_____$)_8$。

7. $(35)_{10} = ($_____$)_2 = ($_____$)_{8421}$。

8. 将下列进制数转换成十进制：$(17)_8 = $_____；$(1A.8)_{16} = $_____。

二、单选题

1. 数字显示电路通常由（　　）组成。

A. 译码器、驱动电路、编码器　　　　　　B. 显示器、驱动电路、输入电路

C. 译码器、驱动电路、显示器

2. 十进制数25用8421码表示为（　　）。

A. 10 101　　　　　B. 0010 0101　　　　　C. 100101　　　　　D. 100101

3. 欲对全班43个学生以二进制编码表示，最少需要二进制码的位数是（　　）。

A. 5   B. 6   C. 8   D. 43

三、简答题

1. 将十进制数 168.686 转换为二、八、十六进制数。

2. 将二进制数 1111011.0101 转换为八进制数。

3. 将二进制数 1101000101011.001111 转换成十六进制数。

4. 将十六进制数 4D5E.6F 转换成二进制数。

模块七

逻辑代数基础

 知识导入

　　本模块将介绍数字逻辑电路的基本知识：包括逻辑代数表示方法，逻辑代数基本运算，逻辑代数的基本公式和重要定律；逻辑函数的化简方法：代数化简法和卡诺图化简法。

知识要求

1. 了解数字逻辑电路基本概念、电路特点。
2. 了解数字逻辑中与、或、非逻辑运算。
3. 掌握数字逻辑电路基本公式、基本定律。
4. 掌握数字逻辑运算代数化简法。
5. 了解数字逻辑运算卡诺图化简法。

技能要求

1. 能够通过查找资料或上网获取学习所需信息。
2. 能够完成各种逻辑运算。
3. 能够记住逻辑运算基本定律、定理。
4. 能够完成逻辑函数化简。

素养要求

　　培养严谨认真、精益求精的工匠精神。

参考学时

　　6 学时

课题一　逻辑代数概述

逻辑代数也称布尔代数，是分析和设计数字系统的经典数学工具。

一、逻辑代数基本运算

逻辑是指事物的因果关系，即条件与结果的关系，这些因果关系可用逻辑代数来描述。逻辑代数具有 3 种基本运算：与运算（逻辑乘）、或运算（逻辑加）和非运算（逻辑非）。利用逻辑代数，可以把实际问题抽象为逻辑函数来描述，并且可以运用逻辑运算方法，解决逻辑电路的分析和设计问题。

虽然它和普通代数有相同的表示方法，用字母表示变量，但变量的取值只有"0"和"1"两种，读成"零"和"幺"。它们不代表数量的大小，只表示两种相互对立的逻辑状态，分别称为逻辑"0"和逻辑"1"。这是它与普通代数的区别。

在逻辑代数中，输出变量和输入变量的关系，称为逻辑函数，可表示为 $F = f_{(A,B,C)}$（图 7-1）。

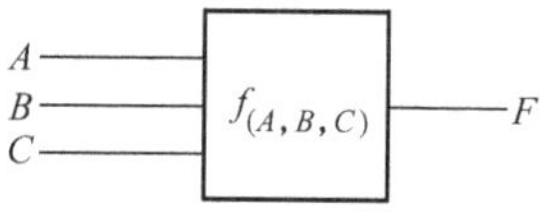

图 7-1　$F = f_{(A,B,C)}$

二、逻辑代数表示方法

逻辑函数定量地反映了逻辑变量及其推理的因果关系。在应用中，逻辑函数的表示方法有五种：一是逻辑表达式；二是真值表；三是逻辑图；四是卡诺图；五是波形图。前三种方法比较重要。

1. 逻辑表达式

逻辑表达式是由逻辑变量和逻辑运算（与、或、非等）构成的代数表达式。逻辑表达式通过逻辑变量、常量、逻辑运算来描述逻辑函数的因果关系，如果输出变量 F 的因果关系是输入变量 A、B、C 的"与"关系，则有逻辑表达式 $F = ABC$。

2. 真值表

真值表是穷举逻辑变量的所有取值的组合与其逻辑函数值的一一对应表，反映了输入逻辑变量的各种组合与函数值的对应关系。如果输入变量有 n 个，则组合有 2^n 种输入组合。

3. 逻辑图

逻辑图是逻辑门电路符号所构成的电路图。它直观地反映了电路输出与输入逻辑状态的关系图。

课题二　逻辑代数基本运算

在逻辑电路中，基本的逻辑关系有三种：与逻辑、或逻辑、非逻辑。那么，在逻辑代数中，也就相应地有三种基本运算：与运算、或运算和非运算。

1. 与逻辑（与运算）

当决定事件 F 发生的全部条件 A，B，C，…同时满足时，事件 F 才能发生。这种因果

关系称为与逻辑，逻辑表达式：$F = A \cdot B \cdot C \cdots$。

式中小圆点"·"表示 A、B、C 等的与运算，也表示逻辑乘。在不致引起混淆的前提下，乘号"·"可被省略。与逻辑真值表见表 7-1。

与逻辑的运算规则：$0 \cdot 0 = 0$；$0 \cdot 1 = 0$；$1 \cdot 0 = 0$；$1 \cdot 1 = 1$。

与逻辑关系可用"全 1 出 1，见 0 出 0"的口诀来记忆。

2. 或逻辑（或运算）

决定事件 F 发生的各种条件 A，B，C，$\cdots$，只要有一个或多个条件具备，事件 F 就发生。这种因果关系称为或逻辑，逻辑表达式：$F = A + B + C + \cdots$。

式中"$+$"表示 A、B、C 等的或运算，也表示逻辑加。或逻辑真值表见表 7-2。

表 7-1　与逻辑真值表

A	B	C	F
0	0	0	0
0	0	1	0
0	1	0	0
0	1	1	0
1	0	0	0
1	0	1	0
1	1	0	0
1	1	1	1

表 7-2　或逻辑真值表

A	B	C	F
0	0	0	0
0	0	1	1
0	1	0	1
0	1	1	1
1	0	0	1
1	0	1	1
1	1	0	1
1	1	1	1

或逻辑的运算规则：$0 + 0 = 0$；$0 + 1 = 1$；$1 + 0 = 1$；$1 + 1 = 1$。

或逻辑关系可用"全 0 出 0，见 1 出 1"的口诀来记忆。

3. 非逻辑（非运算，反相器）

非逻辑是逻辑的否定，即当决定事件 F 发生的条件 A 满足时，事件不发生；条件不满足，事件反而发生。非逻辑表达式：$F = \overline{A}$。

式中字母 A 上方的短划"—"表示非运算，也称"逻辑求反"。

由于非门的输出信号与输入信号相位相反，故"非门"又称为"反相器"。非门是只有一个输入端的逻辑门。

非逻辑的运算规则：$\overline{0} = 1$；$\overline{1} = 0$。

4. 复合逻辑

（1）与非逻辑　它是"与"和"非"的复合逻辑，其表达式：$F = \overline{ABC}$。

（2）或非逻辑　它是"或"和"非"的复合逻辑，其表达式：$F = \overline{A + B + C}$。

（3）与或非逻辑　它是"与""或""非"逻辑的复合逻辑，其表达式：$Y = \overline{AB + CD + EF}$。与或非逻辑电路符号如图 7-2a 所示。与或非逻辑图如图 7-2b 所示。

（4）异或逻辑　它是对两个逻辑变量进行比较相同或不同时的逻辑描述。当两个逻辑变量相同时，逻辑函数为 0；当两个逻辑变量不同时，逻辑函数为 1。其逻辑表达式为

$$F = A\bar{B} + \bar{A}B = A \oplus B$$

异或逻辑电路符号如图 7-3 所示。

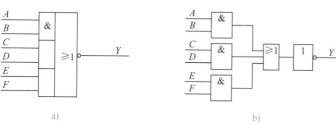

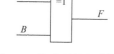

图 7-2　与或非逻辑电路符号和逻辑图

a）与或非逻辑电路符号　b）与或非逻辑图

图 7-3　异或逻辑电路符号

课题三　逻辑代数的公式和定律

逻辑代数有一系列的定律和规则，用它们对逻辑表达式进行处理，可以完成对数字电路的化简、变换、分析和设计。

1. 基本公式（表 7-3）

2. 基本定律

（1）交换律　$AB = BA$，$A + B = B + A$。

（2）结合律　$ABC = (AB)C = A(BC)$，$A + B + C = A + (B + C) = (A + B) + C$。

（3）分配律　$A(B + C) = AB + AC$，$A + BC = (A + B)(A + C)$。

（4）反演律（摩根定理）　在化简较复杂的逻辑关系时，这个定律经常用到。

$$\overline{A \cdot B} = \bar{A} + \bar{B}$$

$$\overline{A + B} = \bar{A} \cdot \bar{B}$$

（5）吸收律　$A(A + B) = A$，$A + AB = A$。

表 7-3　基本公式

序号	公式
1	$0 \cdot A = 0$
2	$1 + A = 1$
3	$A \cdot A = A$
4	$A + A = A$
5	$0 + A = A$
6	$1 \cdot A = A$
7	$A \cdot \bar{A}0$
8	$A + \bar{A} = 1$
9	$\bar{\bar{A}} = A$

【例 7-1】　试证明：$(A + B)(A + C) = A + BC$。

证明：$(A + B)(A + C) = AA + AB + AC + BC$

$= A + AB + AC + BC = A(1 + B + C) + BC = A + BC$

【课堂练习】试证明：$A + \bar{A} \cdot B = A + B$。

课题四　逻辑函数的化简

一个逻辑表达式可以由相应的多种逻辑门电路来实现。表达式简单，对应的电路也简单；表达式复杂，对应的电路也复杂。实际应用中总希望用尽可能少的元器件来完成特定的

逻辑功能，这就需要对逻辑表达式进行化简。逻辑表达式有多种形式，化简的方法也有多种，最常用的是代数化简法和卡诺图化简法。化简的目的是少用元件，使电路简单，降低成本，也可提高电路可靠性。

1. 代数化简法

代数化简法就是运用上述的逻辑代数运算法则和定律把复杂的逻辑函数式化成简单的逻辑式。如果知道其中一种逻辑函数表示形式，即可转换出其他几种形式。

【例7-2】 应用逻辑代数规则化简下列两式：1）$ABC+\overline{A}+\overline{B}+\overline{C}$；2）$A(BC+\overline{B}\,\overline{C})+A(B\,\overline{C}+\overline{B}C)$。

解：1）原式 $=ABC+\overline{ABC}=1$

2）原式 $=ABC+A\overline{B}\,\overline{C}+AB\overline{C}+A\overline{B}C$

$=AB(C+\overline{C})+A\overline{B}(\overline{C}+C)$

$=AB+A\overline{B}=A(B+\overline{B})=A$

【例7-3】 现有三人进行一个设计方案的表决，如果只要有两个或两个以上的人同意，该方案就能通过。请用真值表、最简函数表达式、逻辑图实现之。

解：1）真值表

设 A、B、C 为三人，1表示同意，0表示否决；Y 表示方案，1表示通过，0表示没通过。

输入变量所有的取值对应的输出值即真值表，见表7-4。

2）最简函数表达式：$Y=\overline{A}BC+A\overline{B}C+AB\overline{C}+ABC$

$=AB+AC+BC$

3）三人表决逻辑图如图7-4所示：

表7-4 真值表

A	B	C	Y
0	0	0	0
0	0	1	0
0	1	0	0
0	1	1	1
1	0	0	0
1	0	1	1
1	1	0	1
1	1	1	1

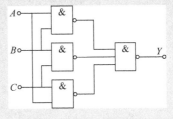

图7-4 三人表决逻辑图

2. 卡诺图化简法

卡诺图是逻辑函数的图解化简法。它克服了代数化简法对最终结果（最简函数表达式）难以确定的缺点，卡诺图化简法具有确定的化简步骤，能比较方便地获得逻辑函数的最简"与或"式。

（1）"与或"式逻辑表达式的表示形式 大多数情况下，由逻辑真值表写出的逻辑式，

一般都是与或表达式，如

$$L = \overline{A} + BC + A\overline{B}\,\overline{C}$$

（2）**最小项与标准"与或"式**　一个 n 变量的"与或"式，若其中每个"与"项都包含了 n 个变量（每个变量以原变量或反变量形式在"与"项中出现且仅出现一次），这种"与"项称为最小项。例如，三变量的最小项有 $\overline{A}\,\overline{B}\,\overline{C}$、$\overline{A}\,\overline{B}\,C$、$\overline{A}\,B\,\overline{C}$、$\overline{A}BC$、$A\,\overline{B}\,\overline{C}$、$A\,\overline{B}\,C$、$AB\,\overline{C}$、$ABC$，共 8 个（即 2^3 个）。

理论上说，一个 n 变量的逻辑表达式应该有 2^n 个最小项。为方便起见，常用 m_i 来表示最小项，其中 i 为 $0 \sim (2^n - 1)$ 中的任一数，其确定原则为最小项中变量按规则顺序排列，其中的原变量记作 1、反变量记作 0，所得的 n 位二进制数所对应的十进制数值便为最小项的下标值，如：

$$L = \overline{A}\,\overline{B}\,\overline{C} + \overline{A}BC + A\overline{B}C$$

$$= m_0 + m_3 + m_5$$

$$= \sum m_{(0,3,5)}$$

其中 $\sum$ 表示累计的"或"运算，括号中的数字表示最小项的下标值。

为进一步说明最小项的性质，以三变量表达式为例，表 7-5 列出了其所有最小项的真值表。

从表 7-5 中可看出，最小项具有下列性质：

① 在输入变量的任何取值下必有一个最小项，而且仅有一个最小项的值为 1。

② 任意两个最小项的乘积为 0。

③ 全体最小项之和为 1。

④ 具有相邻性的两个最小项之和可以合并成一项并消去一个因子。

表 7-5　三变量最小项真值表

最小项			最小项 1 变量取值			对应十进制数	编号
			A	B	C		
$\overline{A}$	$\overline{B}$	$\overline{C}$	0	0	0	0	m_0
$\overline{A}$	$\overline{B}$	C	0	0	1	1	m_1
$\overline{A}$	B	$\overline{C}$	0	1	0	2	m_2
$\overline{A}$	B	C	0	1	1	3	m_3
A	$\overline{B}$	$\overline{C}$	1	0	0	4	m_4
A	$\overline{B}$	C	1	0	1	5	m_5
A	B	$\overline{C}$	1	1	0	6	m_6
A	B	C	1	1	1	7	m_7

若两个最小项仅有一个因子不同，则称这两个最小项具有相邻性。例如，$\overline{A}B\overline{C}$ 和 $AB\overline{C}$ 两个最小项只有一个因子不同，所以他们具有相邻性。这两个最小项相加时可以合并，消去一个因子，如：

$$\overline{A}B\,\overline{C} + AB\,\overline{C} = (\overline{A} + A)B\,\overline{C} = B\,\overline{C}$$

利用基本公式 $A + \overline{A} = 1$ 可以把任何一个逻辑式展开为最小项之和的形式，这种形式就是标准"与或"式。

例如最小项表达式：

$$Y = \overline{A}BC + A\overline{B}C + AB\overline{C} + ABC$$
$$= \Sigma(m_3 + m_5 + m_6 + m_7) = \Sigma m_{(3,5,6,7)}$$

前面我们已经学习了最小项，而相邻最小项之间有一定的关系：如两个最小项中只有一个变量为互反变量，其余变量均相同，则这样的两个最小项为逻辑相邻，并把它们称为相邻最小项，简称相邻项。如 $\overline{A}\,\overline{B}\,\overline{C}$ 和 $\overline{A}\,\overline{B}C$，其中的 C 和 $\overline{C}$ 互为反变量，其余变量 $\overline{A}\,\overline{B}$ 都相同。

最小项的卡诺图表示：最小项卡诺图又称最小项方格图，有 2^n 个最小项，并且它在几何位置上使相邻最小项也相邻。按这样的要求排列起来的方格图称为 n 个输入变量的最小项卡诺图。图 7-5 是 $2 \sim 4$ 变量的最小项卡诺图。

$A \backslash B$	$\overline{B}$	B
$\overline{A}$	$\overline{A}\,\overline{B}$ (m_0)	$\overline{A}B$ (m_1)
A	$A\overline{B}$ (m_2)	AB (m_3)

a)

$A \backslash BC$	$\overline{B}\,\overline{C}$	$\overline{B}C$	BC	$B\overline{C}$
$\overline{A}$	$\overline{A}\,\overline{B}\,\overline{C}$ (m_0)	$\overline{A}\,\overline{B}C$ (m_1)	$\overline{A}BC$ (m_3)	$\overline{A}B\overline{C}$ (m_2)
A	$A\overline{B}\,\overline{C}$ (m_4)	$A\overline{B}C$ (m_5)	ABC (m_7)	$AB\overline{C}$ (m_6)

b)

$AB \backslash CD$	$\overline{C}\,\overline{D}$	$\overline{C}D$	CD	$C\overline{D}$
$\overline{A}\,\overline{B}$	$\overline{A}\,\overline{B}\,\overline{C}\,\overline{D}$ (m_0)	$\overline{A}\,\overline{B}\,\overline{C}D$ (m_1)	$\overline{A}\,\overline{B}CD$ (m_3)	$\overline{A}\,\overline{B}C\overline{D}$ (m_2)
$\overline{A}B$	$\overline{A}B\overline{C}\,\overline{D}$ (m_4)	$\overline{A}B\overline{C}D$ (m_5)	$\overline{A}BCD$ (m_7)	$\overline{A}BC\overline{D}$ (m_6)
AB	$AB\overline{C}\,\overline{D}$ (m_{12})	$AB\overline{C}D$ (m_{13})	$ABCD$ (m_{15})	$ABC\overline{D}$ (m_{14})
$A\overline{B}$	$A\overline{B}\,\overline{C}\,\overline{D}$ (m_8)	$A\overline{B}\,\overline{C}D$ (m_9)	$A\overline{B}CD$ (m_{11})	$A\overline{B}C\overline{D}$ (m_{10})

c)

图 7-5　$2 \sim 4$ 变量的最小项卡诺图

a) 2 变量　b) 3 变量　c) 4 变量

图中的横向变量和纵向变量都按格雷码顺序排列，保证了最小项在卡诺图中的循环相邻性。五变量以上的卡诺图很复杂，在逻辑函数的化简中很少使用，在此不作介绍。

【例7-4】 把 $L = \overline{A}B\overline{C} + AB\overline{C} + \overline{B}CD + \overline{B}C\overline{D}$ 展开最小项。

解：从表达式中可以看出这是四变量的逻辑函数，但每个乘积项中都缺少一个变量，不符合最小项的规定。为此将每个乘积项利用配项法把变量补足为四个变量，并进一步展开，即得最小项。

$$L = \overline{A}B\overline{C}(D + \overline{D}) + AB\overline{C}(D + \overline{D}) + \overline{B}CD(A + \overline{A}) + \overline{B}C\overline{D}(A + \overline{A})$$

$$= \overline{A}B\overline{C}D + \overline{A}B\overline{C}\,\overline{D} + AB\overline{C}D + AB\overline{C}\,\overline{D} + A\overline{B}CD + \overline{A}\,\overline{B}CD + A\overline{B}C\overline{D} + \overline{A}\,\overline{B}C\overline{D}$$

利用卡诺图化简逻辑函数的步骤和规则如下：

第一步：画出相应变量逻辑函数的卡诺图。

第二步："填1"。就是把表达式中出现的所有最小项，在卡诺图相应的方格中填上1。

第三步："圈1"。也就是合并卡诺图中的相邻项，即把1按以下规则画成一个包围圈。

① 只有相邻的1才能合并，且每个包围圈只能包含 2^n 个1，即只能按1、2、4、8、16这样的数目画包围圈。

② 1可以被重复圈在不同的包围圈中，但新的包围圈必须有新的元素1。

③ 包围圈的个数应尽量少，即一个包围圈中含有的1的个数应尽量多，但同时又要符合以上两个规则。

④ 画包围圈时注意不要遗忘卡诺图中四周的相邻项。

第四步：提出每个包围圈中最小项的共有变量（与项）。

第五步：把共有变量（与项）写成或逻辑式，即为最简与或式。

【例7-5】 利用卡诺图将【例7-4】化简。

解：根据上题的结果，该表达式共有8个最小项，并且输入变量是4个。

第一步：画出四个变量逻辑函数的卡诺图（图7-6）。

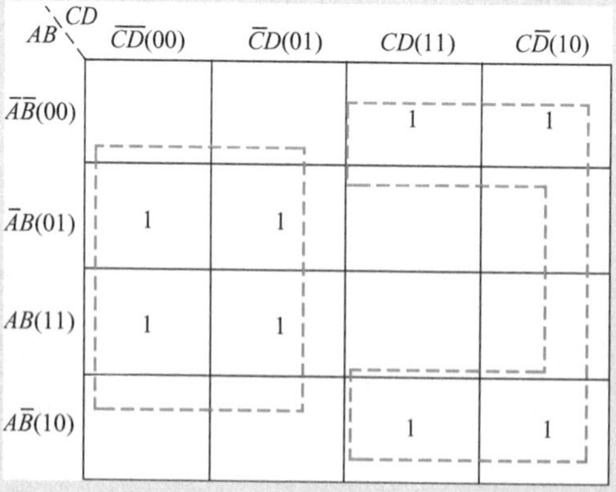

AB＼CD	$\overline{C}\,\overline{D}$(00)	$\overline{C}D$(01)	CD(11)	$C\overline{D}$(10)
$\overline{A}\,\overline{B}$(00)			1	1
$\overline{A}B$(01)	1	1		
AB(11)	1	1		
$A\overline{B}$(10)			1	1

图7-6 四变量卡诺图

第二步：在卡诺图相应的方格中填上1。

第三步：画包围圈把1圈起来，如图7-6中虚线框所示。

第四步：提出包围圈内的共有变量，分别是 $\overline{BC}$ 和 $\overline{B}\,\overline{C}$。

第五步：写出最简与或式。

$$L = B\overline{C} + \overline{B}\,\overline{C}$$

利用卡诺图化简逻辑函数的过程中，第三步是关键，应特别注意包围圈不要画错。

小　结

逻辑代数是研究数字逻辑电路的重要工具，利用逻辑代数可以把一定的逻辑关系抽象为数学表达式，从而进行逻辑电路的分析和设计。本模块所讲述的内容主要有逻辑代数的定律和常用公式，逻辑函数的表示方法以及逻辑函数的化简方法等。逻辑代数是数字电路的基础，熟悉数字电路前必须掌握逻辑函数的基本定律和常用公式。真值表、函数表达式、逻辑图和卡诺图这四种表示方法可以相互转换。逻辑函数的化简方法是本模块的重点。

思考与练习题

一、填空题

1. 逻辑运算：$A + A =$ _____，$AA =$ _____。

2. 基本逻辑运算有_____、_____、_____三种。

二、单选题

1. 下列逻辑运算式中，等式成立的是（　　）。

A. $A + \overline{A} = 1$ 　　　B. $A \cdot A = 1$ 　　　C. $A + A = 1$ 　　　D. $A \cdot \overline{A} = 1$

2. 当逻辑函数有 n 个变量时，共有（　　）个变量取值组合。

A. n 　　　　　　B. $2n$ 　　　　　　C. n^2 　　　　　　D. 2^n

3. 下列逻辑式中，正确的逻辑公式是（　　）。

A. $\overline{A} + \overline{B} = \overline{AB}$ 　　　B. $\overline{A} + \overline{B} = \overline{A + B}$ 　　　C. $\overline{A} + \overline{B} = \overline{AB}$ 　　　D. $A + 0 = 0$

4. 逻辑式 $A + BC =$（　　）。

A. $A + B$ 　　　　B. $A + C$ 　　　　C. $(A + B)(A + C)$ 　　　D. $B + C$

三、简答题

1. 用代数化简法化简下列函数，并画出逻辑电路图。

1）$Y = A\overline{BC} + A\overline{B}\,\overline{C}$。

2）$Y = A (B + C) + A (\overline{B + C})$。

3）$Y = A (\overline{B + C}) + \overline{BC}$。

4）$Y = AB + \overline{A}BC + \overline{A}B \overline{C}$。

5）$Y = AB + A \overline{B}$。

6）$Y = AB + \overline{A}C + \overline{B}C$。

2. 试用逻辑代数的基本定律证明下列各式。

1）$\overline{\overline{A} + B} + \overline{\overline{A} + \overline{B}} = A$。

2）$AB + A\overline{B} + \overline{A}B + \overline{A}\,\overline{B} = 1$。

3）$(A + C) (A + D) (B + C) (B + D) = AB + CD$。

模块八

逻辑门电路

知识导入

本模块将系统介绍数字电路的基本逻辑单元——门电路。首先将重点介绍二极管和晶体管在开关工作状态下的各种门电路的工作特性；然后会讨论 CMOS 门电路的工作原理及逻辑功能；最后会介绍 TTL 集成门电路的电路组成、工作原理和工作特性。

知识要求

1. 了解逻辑门电路基本概念、电路特点。
2. 了解各种门电路工作原理和工作特性。

技能要求

1. 能够验证逻辑门电路逻辑功能。
2. 能够把逻辑运算转换成逻辑电路。

素养要求

培养严谨认真、精益求精的工匠精神。

参考学时

6 学时

课题一 二极管逻辑门电路

前面讨论了与、或、非、与非、或非等各种基本逻辑运算。现在将讨论完成上述基本逻辑运算的各种类型的具体电路。

门电路是一种具有一定的逻辑关系的开关电路。当它的输入信号满足某种条件时，才有信号输出，否则就没有信号输出。如果把输入信号看作条件，把输出信号看作结果，那么当条件具备时，结果就会发生。也就是说在门电路的输入信号与输出信号之间存在着一定的因果关系，即逻辑关系。实现与、或、非三种逻辑关系的电路分别称为与门、或门和非门。本课题将要介绍由二极管构成的与门、或门电路及由晶体管构成的反相器（非门电路），作为学习逻辑门电路的基础。门电路与基本逻辑关系相对应，由这三种基本门电路还可以组成其他多种复合门电路，即与非门、或非门、与或非门、同或门、异或门等电路。

1. 与门电路

与运算和与门电路

实现与逻辑关系的电路称为与门电路。与门至少有两个输入和一个输出。它与一个负载串联的两三个开关相似。让灯开启的唯一方法是开关 A、B、C 同时闭合，灯才会点亮。

现在用二极管来实现与门电路，如图 8-1 所示，图中 A、B、C 为输入端，L 为输出端。输入信号的电位为 5V 或 0V，输出信号的电位一般为 5V 或二极管导通电压降。图 8-1a 表示与逻辑开关电路；图 8-1b 表示由二极管组成的与逻辑门电路；图 8-1c 表示与门符号；图 8-1d 表示与门真值表。

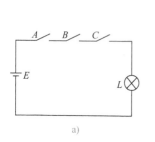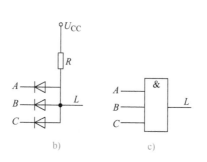

	输入		输出
A	B	C	L
0	0	0	0
1	0	0	0
0	1	0	0
0	0	1	0
1	1	0	0
0	1	1	0
1	0	1	0
1	1	1	1

图 8-1 与门电路

a）与逻辑开关电路 b）与逻辑门电路 c）与门符号 d）与门真值表

下面对图 8-1b 与门电路进行工作原理分析：

1）若输入端中有任意一个为低电平，则必有一个二极管导通，此时 L 点电位 U_L 被钳制在 0V（设二极管 VD 为理想管，电压为 0V），所以 $U_L = 0V$。

2）只有输入端 A、B、C 都处于高电位 5V，即 $U_A = U_B = U_C = 5V$ 时，二极管均正偏而导通，输出端 L 点电位 U_L 与 U_A 相等，即 $U_L = 5V$。

分析结果：即只有所有输入都是高电压时，输出才是高电压，否则输出就是低电压，所以它是一种与逻辑。可表示为

$$L = ABC$$

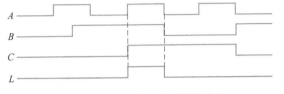

用1、0分别表示高、低电位，则上述逻辑关系可列成真值表，如图8-1d所示。与门的输入输出信号波形如图8-2所示。

图8-2 与门的输入输出信号波形

2. 或门电路

实现或逻辑关系的电路称为或门电路。它与一个负载并联的两三个开关相似。开关 A、B 或 C 只要有一个是闭合的，灯就会点亮。下面用二极管来实现或门电路，如图8-3所示（将图8-1与门电路中的二极管反接即实现或门电路）。

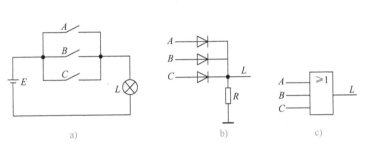

输入			输出
A	B	C	L
0	0	0	0
0	0	1	1
0	1	0	1
1	0	0	1
0	1	1	1
1	1	0	1
1	1	1	1
1	0	1	1

图8-3 或门电路

a）或逻辑开关电路　b）或逻辑门电路　c）或门符号　d）真值表

对图8-3b电路进行工作原理分析：

1）若输入端 A、B、C 中有一个为高电平，则必有一个二极管优先导通，此时 L 点电位 U_L 被钳制在5V，所以输出高电平，$U_L = 5V$。

2）只有当输入端同时为低电平，二极管均截止时，输出端 L 点才处于低电位，即 $U_L = 0V$。

分析结果：只有所有输入都是低电压时，输出才是低电压，否则输出就是高电压，所以它是一种或逻辑。可表示为

$$L = A + B + C$$

用1、0分别表示高、低电位，则上述逻辑关系可列成真值表，如图8-3d所示。或门的输入输出信号波形如图8-4所示。

3. 非门电路

实现非逻辑关系的电路称为非门电路，也称反相器。

或运算和或门电路

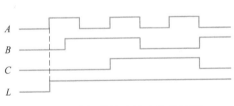

图8-4 或门的输入输出信号波形

一个负载和一个开关并联就能实现非逻辑。非门电路简单地把二进制1反转为0，并且反过来也一样。也就是高电平输入导致低电平输出，反之低电平输入导致高电平输出。

图8-5a表示由负载与开关构成的非逻辑开关电路；图8-5b表示由NPN晶体管构成的非逻辑门电路（利用晶体管的开关特性来实现反相）；图8-5c表示非门符号；图8-5d表示非门真值表。

对图8-5b非门电路进行工作原理分析：

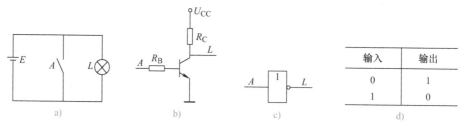

图 8-5　非门电路

a) 非逻辑开关电路　b) 非逻辑门电路　c) 非门符号　d) 非门真值表

1）该电路输入低电平时，$U_A = 0V$，晶体管将截止，输出高电平，$U_L = U_{CC}$。

2）该电路输入高电平时，$U_A = 5V$，晶体管将饱和，输出低电平，$U_L \approx 0V$。

分析结果：反相器的输出量与输入量之间的逻辑关系是非逻辑。可表示为

$$L = \overline{A}$$

用 1、0 分别表示高、低电位，则上述逻辑关系可列成真值表，如图 8-5d 所示。非门的输入输出信号波形如图 8-6 所示。

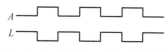

图 8-6　非门的输入输出信号波形

4. 复合门电路

将前面学习的与门、或门、非门三种基本门电路组合起来，就可以构成多种复合门电路。

（1）与非门电路　与门和非门可以构成与非门，它会使输出信号反转，与非门的组成、符号和真值表如图 8-7 所示。

可表示为

$$F = \overline{AB}$$

（2）或非门电路　或门和非门可以构成或非门。或非门的组成、符号和真值表如图 8-8 所示。

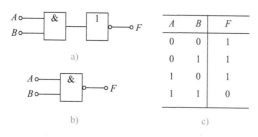

A	B	F
0	0	1
0	1	1
1	0	1
1	1	0

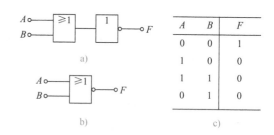

A	B	F
0	0	1
1	0	0
1	1	0
0	1	0

图 8-7　与非门的组成、符号和真值表

a) 与非门的组成　b) 与非门的符号
c) 与非门的真值表

图 8-8　或非门电路的组成、符号和真值表

a) 或非门的组成　b) 或非门的符号
c) 或非门的真值表

可表示为

$$F = \overline{A + B}$$

（3）与或非门电路　与或非门电路是与、或和非逻辑的复合逻辑，可表示为

$$F = \overline{AB + CD + EF}$$

实现与或非逻辑功能的电路符号如图8-9所示。其逻辑图如图8-10所示。

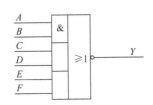

图8-9　与或非逻辑电路符号

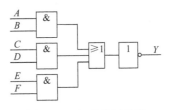

图8-10　与或非逻辑图

（4）异或门电路　异或逻辑是对两个逻辑变量进行比较相同或不同时的逻辑描述。当两个逻辑变量相同时，逻辑函数为0；当两个逻辑变量不同时，逻辑函数为1。可表示为

$$F = A\overline{B} + \overline{A}B = A \oplus B$$

实现异或逻辑功能的电路称为异或门电路，其符号和真值表如图8-11所示。

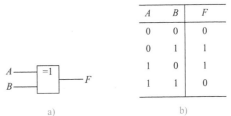

A	B	F
0	0	0
0	1	1
1	0	1
1	1	0

a)　　　　　　　　　b)

图8-11　异或门的符号和真值表

a）异或门的符号　b）异或门的真值表

课题二　CMOS 集成门电路

CMOS 门电路是由 NMOS 管和 PMOS 管构成的，又称互补 MOS 电路。它的开关速度较高，静态功耗低、抗干扰能力强、工作稳定性好、电源电压范围宽，同时其制造工艺简单、体积小、便于集成，因此特别适用于中、大规模集成电路。

1. CMOS 反相器

CMOS 反相器的基本电路结构形式如图8-12所示。工作管 VT_N 是增强型 NMOS 管，负载管 VT_P 是 PMOS 管，两管的栅极相连接作为电路的输入端 u_i，两管的漏极 D 相连接作为电路的输出端 u_o，VT_N 的源极 S_1 与其衬底相连并接地，VT_P 的源极 S_2 与其衬底相连并接电源 U_{DD}。

当输入电压 u_i 为低电平 0 时，VT_N 管截止，VT_P 导通，电路的输出为高电平 U_{DD}。

当输入电平 u_i 为高电平 U_{DD} 时，VT_N 管导通，S_1 和 D_1 之间呈现较小的电阻，VT_P 截止，电路的输出为低电平 0。电路的输出和输入之间满足非逻辑关系，所以该电路为非门电路。由于在稳态时，VT_N 和 VT_P 中必然有一个是截止的，所以电路的电流极小，功率损耗很低。所以，CMOS 门的抗干扰能力较强，CMOS 反相器接近于理想开关。典型 CMOS 电路在电源为 5V 时，阈值电压为 2.5V，输出高电平为 5V，低电平为 0V。

2. CMOS 传输门和模拟开关

CMOS 传输门是数字电路用来传输信号的一种基本单元电路。它是由一个 PMOS 管 VT_P 和一个 NMOS 管 VT_N 并联构成，如图8-13a所示。其中两管源极相接，作为输入端 u_i，两管漏极相连作为输出端 u_o，两管的栅极作为控制端，加互为相反的控制电压 C 和 $\overline{C}$，逻辑符号如图8-13b所示。

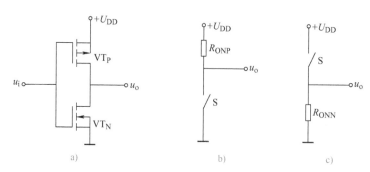

图 8-12　CMOS 反相器的基本电路结构形式

a）电路图　b）导通　c）截止

工作原理分析如下：

1）当控制信号 $C=1$（接 U_{DD}），$\overline{C}=0$ 时，输入信号 u_i 在 $0 \sim U_{DD}$ 范围内变化，则两管中至少有一个导通，输入和输出之间呈低阻状态，相当于开关接通。所以，输入信号 u_i 在 $0 \sim U_{DD}$ 范围内都能通过传输门。

2）当控制信号 $C=0$（接地），$\overline{C}=1$ 时，输入信号 u_i 在 $0 \sim U_{DD}$ 范围内变

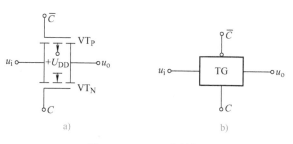

图 8-13　CMOS 传输门

a）CMOS 传输门电路　b）传输门逻辑符号

化，则两管总是处于截止状态，输入和输出之间呈高阻状态（$10^7\,\Omega$），相当于开关断开。所以，输入信号 u_i 不能通过。

由于 MOS 管的结构是对称的，源极和漏极可以互换使用，所以传输门的输入端和输出端可以对换，CMOS 传输门也称为可控双向开关，用 TG 表示。

CMOS 传输门的另一个重要用途是作为模拟开关。模拟开关是用来控制模拟信号传输的一种电子开关，它的通断是用数字信号控制的。

当传输门的控制信号 C 由一个非门的输入和输出来提供时，就构成一个模拟开关，如图 8-14 所示。常见的型号有 CD4066、CD4051 等。

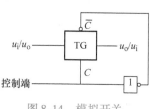

图 8-14　模拟开关

课题三　集成门电路

前面介绍的都是一些常见门电路，如果用分立元件构成，不但电路的元件很多，连线和焊点也很多，电路体积增大，可靠性降低。随着电子技术的飞速发展和集成工艺的规模化生产，数字集成电路得到了广泛的应用。

集成逻辑门电路是以半导体器件为基本单元，集成在一块硅片上，并具有一定逻辑功能的电路。数字集成门电路按开关元件的不同可分为两大类：一类是双极型集成电路（TTL 集成门电路），其主要特点是速度快、负载能力强，但功耗较大、集成度较低；另一类是单极

型集成电路（MOS 集成电路），其主要特点是结构简单、制造方便、集成度高、功耗低，但速度较慢。

TTL 集成门电路是输入端和输出端都用晶体管构成的逻辑电路，称为晶体管-晶体管逻辑门电路，简称 TTL 门电路。

下面分析一个典型的 TTL 与非集成门电路的组成、工作原理以及外特性。

1. TTL 与非集成门电路组成

图 8-15 所示为 TTL 集成与非门电路及逻辑符号，其中 VT_1 是多发射晶体管，每一个发射极对应一个输入端，输出是 Y。

2. TTL 集成与非门工作原理

（1）输入至少有一个为低电平 当输入端 A、B、C 至少有一个为低电平时（假设为 A 端），此时 VT_1 与 A 端连接的发射结正向导通，VT_1 集电极电位 U_{C1} 使 VT_2、VT_5 均截止，而 VT_2 的集电

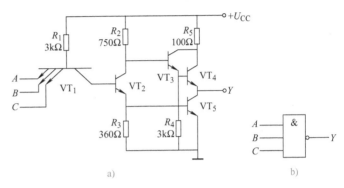

图 8-15　TTL 集成与非门电路及逻辑符号

a）TTL 集成与非门电路　b）TTL 集成与非门逻辑符号

极电压足以使 VT_3、VT_4 导通。所以，输出电压为高电平。

由于 VT_2 截止，电源 U_{CC} 通过 R_2 驱动 VT_3 和 VT_4 管，使之工作在导通状态。

（2）输入全部为高电平 当输入端 A、B、C 均为高电平时，电源 U_{CC} 通过 R_1 和 VT_1 的集电结向 VT_2 提供足够的基极电流，使 VT_2 饱和导通，VT_2 的发射极电流在 R_3 上产生的电压降又使 VT_5 饱和导通。所以，输出电压为低电平。此时，VT_1 的发射结处于反向偏置，而集电结处于正向偏置，故 VT_1 处于发射结和集电结倒置使用的放大状态。另外，此时，VT_2 的集电极电压等于 VT_2 的饱和电压降与 VT_5 管的发射结电压降之和，VT_3 导通，而 VT_4 截止。

分析结果：输入有 0 时，输出为 1；输入全为 1 时，输出为 0。电路的输出与输入之间满足与非逻辑关系，即 $Y = \overline{ABC}$。

3. TTL 与非集成门的外特性

TTL 与非集成门电压传输特性是指输出电压 U_o 随输入电压 U_i 变化的关系，电压传输特性曲线大致分为 4 段，如图 8-16b 所示。

① AB 段：输入电压 $U_i \leqslant 0.6V$ 时，VT_1 工作在深度饱和状态，$U_{CES1} < 0.1V$，$U_{B2} < 0.7V$，所以 VT_2、VT_5 截止，VT_3、VT_4 导通，$U_o \approx 3.6V$ 为高电平。与非门处于截止状态，所以把 AB 段称为截止区。

② BC 段：输入电压 $0.6V < U_i \leqslant 1.3V$，$0.7V < U_{B2} < 1.4V$ 时，VT_2 开始导通，VT_5 仍未导通，VT_3、VT_4 处于发射极输出状态。随 U_i 的增加，U_{B2} 增加，U_{C2} 下降，并通过 VT_3、VT_4 使 U_o 也下降。因此 U_o 基本上随 U_i 的增加而线性减小，故把 BC 段称为线性区。

③ CD 段：输入电压 $1.3V < U_i < 1.4V$ 时，VT_2 导通，电流较大，VT_5 开始导通，并随 U_i 的增加趋于饱和，使输出电压 U_o 为低电平，所以把 CD 段称为转折区或过渡区。

④ DE 段：输入电压 $U_i \geqslant 1.4V$ 时，VT_2、VT_5 饱和，VT_4 截止，输出为低电平，与非门

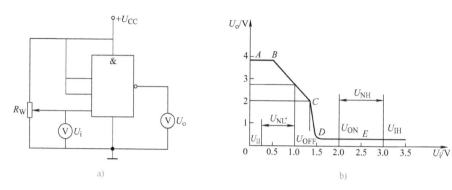

图 8-16　TTL 与非门电压传输特性

a）测试电路示意图　b）电压传输特性曲线

处于饱和状态，因此把 *DE* 段称为饱和区。

　　4. 常用 TTL 与非集成门电路

　　图 8-17 所示为常用两种与非门集成电路引脚图，即 4 个二输入端的与非门 74LS00 和 CD4011，电源线及地线公用。

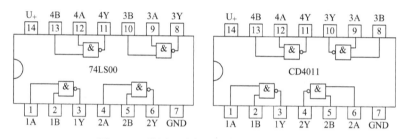

图 8-17　常用两种与非门集成电路引脚图

逻辑门电路的测试仿真实验

【实训目的】

1. 利用仿真软件测试与非门的逻辑功能。

2. 利用仿真软件测试用与非门搭接其他门电路的逻辑功能。

【设备器材】

计算机、电子电路仿真软件 Multisim。

【重点难点】

重点：逻辑门电路工作原理。

难点：仿真软件运用。

【实训步骤】

1）测试与非门的逻辑功能。

　　单击电子仿真软件 Multisim 10 基本界面元器件栏符号（Place TTL）按钮，选取弹出对话框中"Family"栏下的"74LS"系列，再在"Component"栏中选中"74LS00D"。单击

对话框右上角的"OK"按钮，将它置于电子平台上；所示元件部件条中有 A、B、C、D 这4 个按钮，分别表示集成 4 个独立的与非门部件。单击"A—D"任一个钮，虚化表示被调出。在电子平台上可以看到一个与非门图标，如图 8-18 所示。

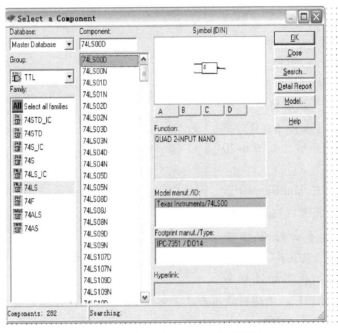

图 8-18　电子平台上的与非门图标

单击电子仿真软件 Multisim 10 基本界面元器件栏符号（Place Source 信号源库）按钮，选取弹出对话框中"Family"栏下的"POWER_SOURCES"系列，再在"Component"栏中分别选中"VCC"和"GROUND"。单击对话框右上角的"OK"按钮，将电源线和地线调出，置于电子平台上，如图 8-19 所示。

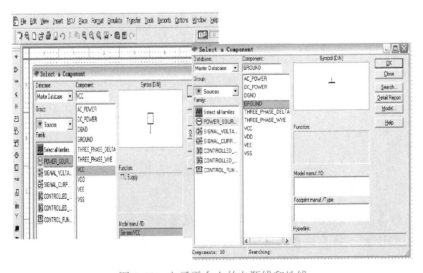

图 8-19　电子平台上的电源线和地线

单击电子仿真软件 Multisim 10 基本界面元器件栏符号（Place Basic）按钮，选取弹出对话框中"Family"栏下的"SWITCH"系列，再在"Component"栏中选中"SPDT"。单击对话框右上角的"OK"按钮，将单刀双掷开关调出，置于电子平台上，共需 4 个。调整开关水平转向，排列整齐，依次双击开关图标，分别将它们的"Key"设置成 1、2（或者 A、B）即可。将它们置于电子平台，如图 8-20 所示。

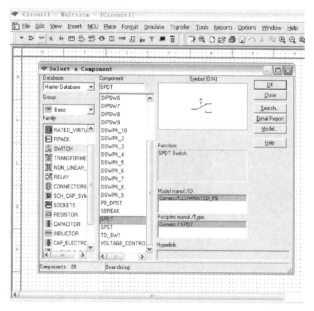

单击电子仿真软件 Multisim 10 基本界面元器件栏 符号（Place Indicator）按钮，选取弹出对话框中"Family"栏下的"PROBE"系列，再拉动"Component"栏下的流动条

图 8-20　电子平台上的单刀双掷开关

选中"PROBE_DIG_RED"。单击对话框右上角的"OK"按钮，将红色指示灯调出 1 个，置于电子平台上，如图 8-21 所示。

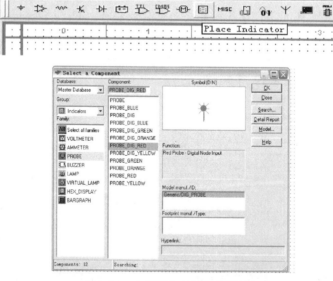

图 8-21　电子平台上的红色指示灯

单击电子仿真软件 Multisim 10 基本界面虚拟仪器工具条上的"Multimeter"按钮，调出虚拟万用表"XMM1"，将其放置在电子平台上，将所调出的元件和仪器组建仿真电路，如图 8-22 所示。

双击虚拟万用表图标"XMM1"，将出现它的放大面板，按下放大面板上的"电压"

（即"V"）和"直流"（即"—"）两个按钮，将它用来测量直流电压，如图8-23所示。将以上调出元件经移动整理后按图8-23所示连接仿真电路。

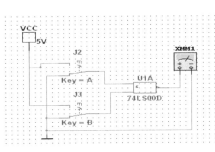

图8-22　仿真电路

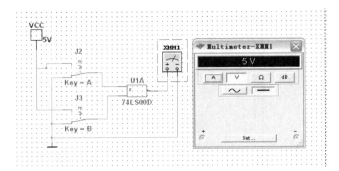

图8-23　连接虚拟万用表的仿真电路

打开仿真开关，分别按动键盘上的"A"和"B"键，使与非门的两个输入端变化，从虚拟万用表的放大面板上读出各种情况的直流电压，判断输出信号与输入信号间的关系。

2）用与非门组成其他功能门电路。

①用与非门组成或门电路。按图8-24要求，连接仿真电路，分别按动键盘上的A和B键，观察并记录指示灯的发光情况，并将其转换为逻辑状态（注：灯亮为1，不亮为0），判断输出信号与输入信号间的关系。

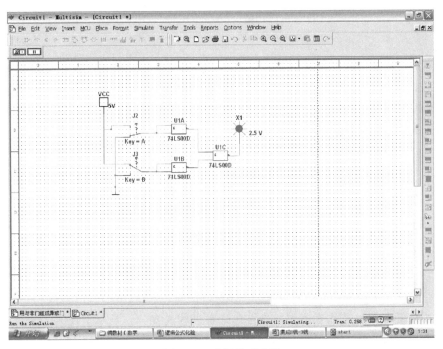

图8-24　或门仿真电路

②用与非门组成异或门。按图8-25调出元件，并组成异或门仿真电路。打开仿真开关，按要求分别按动键盘上的A和B键，观察并记录指示灯的发光情况，并将其转换为逻辑状态，判断输出信号与输入信号间的关系。

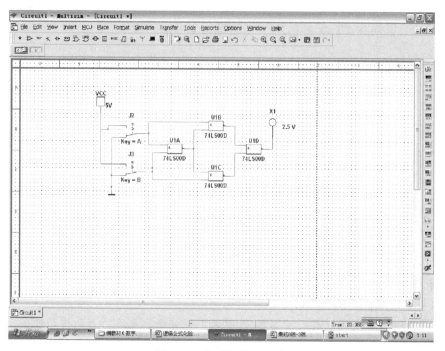

图 8-25　异或门仿真电路

 小　结

　　门电路是构成复杂数字电路的基本逻辑单元，掌握各种门电路的逻辑功能和常用集成逻辑门电路的工作特性，对于正确使用数字集成电路是十分必要的。本模块重点介绍了分离元件构成的逻辑门电路、TTL 门电路和 COMS 门电路。在学习这些集成电路时应将重点放在它们的逻辑关系和工作特性上。

思考与练习题

一、填空题

能实现"有 0 出 0，全 1 出 1"逻辑功能的门电路是_____。

二、单选题

1. 将二极管与门和晶体管反相器连接起来可以构成（　　　）。
A. 与门　　　　　　　　B. 或门　　　　　　　　C. 与非门　　　　　　　　D. 或非门
2. 要使或非门的输出恒为 0，可将或门的一个输入端始终接（　　　）。
A. 0　　　　　　　　　　B. 1　　　　　　　　　　C. 输入端并联　　　　　　D. 0、1 都可以
3. 非门输出电压与输入电压（　　　）关系。
A. 成正比　　　　　　　B. 成反比　　　　　　　C. 成反相

4. 二输入端的与非门，其输入端为 A、B，输出端为 Y，则其表达式为 $Y =$ （   ）。

A. AB   B. $\overline{AB}$ C. $\overline{A+B}$ D. A + B

三、简答题

1. 说出题图 8-1 电路名称，并画出波形。

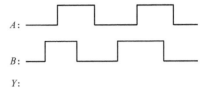

题图 8-1

2. 已知 4 种门电路的输入和对应的输出波形如题图 8-2 所示，试分析它们分别是哪 4 种门电路？

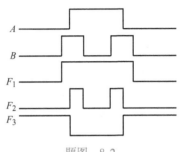

题图 8-2

3. 试分析如题图 8-3 所示电路的逻辑功能。

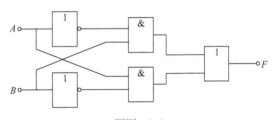

题图 8-3

4. 求如题图 8-4 所示电路中 F 的逻辑表达式，化简成最简与或式，列出真值表，分析其逻辑功能，设计出全部改用与非门实现这一逻辑功能的电路。

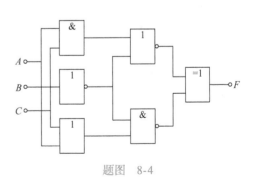

题图 8-4

模块九

组合逻辑电路

知识导入

本模块主要介绍组合逻辑电路的特点、分析和设计方法，以及常用的各种中规模集成组合逻辑电路的工作原理与设计方法，如编码器、译码器、显示译码器、数据选择器等，并介绍如何利用电子仿真软件 Multisim 实现对常用组合逻辑电路进行设计与验证。

知识要求

1. 了解组合逻辑电路基本概念、电路特点。
2. 了解编码器、译码器、显示译码器、数据选择器等的组合逻辑电路。
3. 掌握组合逻辑电路的分析、设计方法。

技能要求

1. 能够通过查找资料或上网获取学习所需信息。
2. 能够设计简单组合逻辑电路。

素养要求

培养严谨认真、精益求精的工匠精神。

参考学时

6 学时

课题一　组合逻辑电路分析与设计

根据逻辑功能的不同特点，一般把逻辑电路分为两大类：一类是组合逻辑电路（简称组合电路），另一类是时序逻辑电路（简称时序电路）。

各种门电路按照一定的规律组合，构成具有各种逻辑功能的逻辑电路称为组合逻辑电路，这种电路从结构和功能上看，有如下特点：

输出信号仅由输入信号决定，与电路当前状态无关；电路结构中无反馈环路（无记忆），输出状态随着输入状态的变化而变化；类似于电阻性电路，如表决器、加法器、编码器、译码器、显示器、数据选择器等。

1. 组合电路的一般分析方法

对给定的组合逻辑电路图，求解其逻辑功能的过程称为组合逻辑电路的分析。

1）所谓分析就是找出组合逻辑电路输入、输出之间的关系，也就是找出何种输入状态组合下电路输出为1、何种输入状态组合下电路输出为0。通过分析，可以了解组合逻辑电路的功能和设计思路，从而进一步对电路进行评价和改进。

组合逻辑电路的分析

通常，只要列出组合逻辑电路的真值表，就可以知道该电路的逻辑功能。因此，组合逻辑电路的分析，实质上是由逻辑函数的逻辑图形式入手，通过逻辑表达式，最终转换成函数的真值表形式的过程。

2）组合逻辑电路的一般分析可按如下步骤进行：

第一步：根据给出的组合逻辑电路图，由输入端逐级向后递推，写出每个门的输出对应输入的逻辑关系，最后得到整个组合逻辑电路的输出变量对应输入变量的逻辑函数表达式。

第二步：利用逻辑代数法或卡诺图法，对所得的逻辑函数表达式进行转换或化简，得到逻辑函数的标准表达式或最简表达式。

第三步：由逻辑函数的标准表达式或最简表达式列出对应的真值表。

第四步：由真值表判断出组合逻辑电路的逻辑功能。

【例9-1】　试分析图9-1所示的组合逻辑电路的功能。

解：

① 由 G_1、G_2、G_3 的各个门电路的输入、输出关系，推出整个组合逻辑电路的表达式：$Z_1 = ABC$，$Z_2 = \overline{A + B + C}$，$L = Z_1 + Z_2 = ABC + \overline{A + B + C}$。

② 对该逻辑式进行化简：$L = ABC + \overline{A + B + C} = ABC + \overline{A}\,\overline{B}\,\overline{C}$。

③ 根据化简后的函数表达式，列出真值表（表9-1）。

④ 从真值表中可以看出，当 A、B、C 三个输入一致时（全为0或全为1），输出才为1，否则输出为0。所以，这个组合逻辑电路具有检测"输入不一致"的功能，也称"不一致电路"。

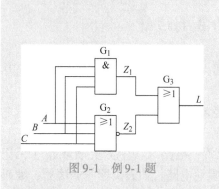

图9-1　例9-1题

表9-1　例9-1真值表

A	B	C	Z_1	Z_2	L
0	0	0	0	1	1
0	0	1	0	0	0
0	1	0	0	0	0
0	1	1	0	0	0
1	0	0	0	0	0
1	0	1	0	0	0
1	1	0	0	0	0
1	1	1	1	0	1

【课堂练习】分析如图9-2所示电路。写出最简逻辑函数表达式、真值表，并说出其逻辑功能。

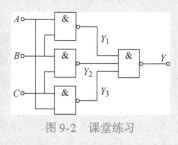

图9-2　课堂练习

2. 组合逻辑电路的一般设计方法

1）逻辑设计是数字电路技术中的一个重要课题。任何一个可描述的事件或过程，都可进行严格的逻辑设计。根据要求规定的逻辑功能，通过抽象和化简，进而求得满足功能要求的组合逻辑电路图的过程，称为组合逻辑电路的设计。可见，组合逻辑电路的设计是分析的逆过程。

2）一般组合逻辑电路的设计可按图9-3的步骤进行。

第一步：根据所需功能的要求和条件，弄清输入、输出变量的个数及它们之间的逻辑关系，列出满足逻辑要求的真值表。

第二步：由真值表列出逻辑函数的标准与或式。

第三步：进行逻辑函数化简，将标准与或表达式化简为最简与或表达式。

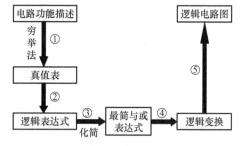

图9-3　组合逻辑电路的设计步骤

第四步：根据所选的门电路类型及实际问题的要求，将逻辑函数进行逻辑变换。

第五步：由所得到的逻辑表达式画出逻辑电路图。

以上步骤中，关键的是第一步。一个事件或过程的功能描述，最初总是以文字的形式提出，设计者必须对这些描述有全面、正确的理解。只有先弄清哪些是输入变量、哪些是输出变量，以及输入、输出变量之间的逻辑关系，才能列出正确的真值表。正确的真值表是组合逻辑电路设计的基础。

需要指出的是，一个最简的逻辑表达式不一定就对应一个最简的逻辑电路。采用中、小规模集成电路（一片包括数个门至数十个门的电路）产品时，应根据具体情况，尽可能减少所用的器件数目和种类，这样可以使组装好的电路结构紧凑，达到工作可靠而且经济的目的。

【例9-2】　三人按少数服从多数原则对某事进行表决，但其中一人有决定权（主裁判），即只要他同意，无论同意者是否达到多数，表决仍将通过。试用与非门设计该表决器。

解：① 由题意可知该表决器有三个输入变量和一个输出变量。设 A、B、C 为输入变量（1表示同意，0表示不同意），且 A 为有决定权的变量，L 为输出变量（1表示通过，0表示不通过）。将表决器的逻辑功能描述为当 A 为1或 B、C 均为1时，L 才为1，否则 L 为0。由此，可以列出真值表，见表9-2。

② 由真值表列出逻辑表达式

$$L = \overline{A}BC + A\overline{B}\,\overline{C} + A\overline{B}C + AB\overline{C} + ABC$$

③ 用卡诺图化简此逻辑式（图9-4a），得到最简与或表达式 $L = A + BC$。

④ 将表达式转换成用与非逻辑实现的形式

$$L = A + BC = \overline{\overline{A + BC}} = \overline{\overline{A} \cdot \overline{BC}}$$

⑤ 根据逻辑表达式画出如图9-4b所示的逻辑图。这里假设系统能提供所有的原、反变量，否则还需增加一个"非门"来实现功能。

表9-2　例9-2真值表

A	B	C	L
0	0	0	0
0	0	1	0
0	1	0	0
0	1	1	1
1	0	0	1
1	0	1	1
1	1	0	1
1	1	1	1

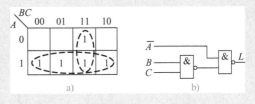

图9-4　例9-2卡诺图化简和逻辑图

a）卡诺图化简　b）逻辑图

课题二　常用组合逻辑电路器件

由于人们在生产和生活实践中遇到的逻辑问题层出不穷，因此，为解决这些逻辑问题而设计的逻辑电路也不胜枚举。但是，其中也有若干种电路在各类数字系统中经常大量出现，为了使用方便，目前已将这些电路的设计标准化，并且制成了中、小规模单片集成电路的产品，其中包括编码器、译码器、全加器、比较器、数据选择器等。下面简单介绍一下它们的功能和使用方法。

1. 编码器

将含有特定意义的数字或符号信息转换成相应的若干位二进制代码的过程称为编码。具有编码功能的逻辑电路称为编码器。按照编码方式的不同，编码器可分为普通编码器和优先编码器；按照输出代码种类的不同，可分为二进制编码器和非二进制编码器。本课题主要介绍二进制编码器。

（1）二进制编码器 所谓二进制编码器，就是对 N（$N = 2^n$）个输入信号用 n 位二进制代码进行编码的电路。常用的有三位或四位二进制编码器。

相关链接

在商场购物时，每一个商品上都有条形码，它就是将宽度不等的多个黑条和空白，按照一定的编码规则排列，用以表达一组信息的图形标识符，每一组信息就是一个特定的编码，每一个编码对应着一种商品。这就属于非二进制编码。

三位二进制编码器就是把 8 个输入信号 I_0、I_1、I_2、I_3、I_4、I_5、I_6、I_7 编成对应的三位（Y_0、Y_1、Y_2）二进制代码输出。因为输入有 8 个信号，就有 8 种状态，所以输出的是三位（$n = 3$，$2^3 = 8$）二进制代码。该编码器常称为 8 线-3 线编码器。

由于编码器在任何时刻都只能对一个输入信号进行编码，将 8 种不同的状态用 000（I_0）、001（I_1）、010（I_2）、011（I_3）、100（I_4）、101（I_5）、110（I_6）、111（I_7）表示为电平信号输入时，只能允许一个代表高电平输入，其余都必须代表低电平，否则将出现混乱。即不能允许有两个或两个以上输入信号同时存在的情况出现，所以说 $I_0 \sim I_7$ 是一组互相排斥的变量，因此真值表可以采用简化形式，见表 9-3。

输出信号的最简与或表达式如下：

$$Y_2 = I_4 + I_5 + I_6 + I_7$$
$$Y_1 = I_2 + I_3 + I_6 + I_7$$
$$Y_0 = I_1 + I_3 + I_5 + I_7$$

三位二进制编码器如图 9-5 所示。图 9-5 中 I_0 的编码是隐含着的，即当 $I_1 \sim I_7$ 均为无效状态时，编码器的输出就是 I_0 的编码。

表 9-3　8 线-3 线编码器真值表

输入	输出		
	Y_2	Y_1	Y_0
I_0	0	0	0
I_1	0	0	1
I_2	0	1	0
I_3	0	1	1
I_4	1	0	0
I_5	1	0	1
I_6	1	1	0
I_7	1	1	1

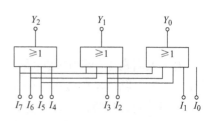

图 9-5　三位二进制编码器

在汽车电子控制单元（ECU）中一般用八位二进制代码（$n=8$，$2^8=256$ 种组合），表示 256 个信息。要想表示更多信息就要用更多位二进制代码，但这些信息是有优先级别的。所以，在实际应用中，经常会出现多个信号端同时有效的情况，而优先编码器可以解决这个问题。

（2）8421 码编码器（二–十进制编码器）　用四位二进制数表示一位十进制数所组成的代码的逻辑电路称为二–十进制编码器，它也是一种二进制编码器。因为代码从左至右每一位"1"分别代表数字"8""4""2""1"，故又名 8421 码编码器。因为输入有 10 个数码，要求有 10 种状态。所以输出需用 4 位（$2^n > 10$，取 $n=4$）二进制代码。

表 9-4 列出了一个简化的 8421 码编码器的真值表。理论上讲，十个输入变量共有 $2^{10}=1024$ 种组合，但在 8421 码编码器中，D_0—D_9 十个输入变量分别表示一位 0—9 的十进制数字，因此它们中任何时刻仅允许一位有效，符合这种条件的输入组合只有表 9-4 真值中所列的 10 种，其余的输入组合均为无关项。

表 9-4　8421 码编码器真值表

输入	输出			
十进制数	D	C	B	A
0 (D_0)	0	0	0	0
1 (D_1)	0	0	0	1
2 (D_2)	0	0	1	0
3 (D_3)	0	0	1	1
4 (D_4)	0	1	0	0
5 (D_5)	0	1	0	1
6 (D_6)	0	1	1	0
7 (D_7)	0	1	1	1
8 (D_8)	1	0	0	0
9 (D_9)	1	0	0	1

根据真值表并利用无关项性质，可以列出 8421 码编码器的逻辑表达式，并将它们转换为适合于与非门和或非门实现的形式：

$$A = D_1 + D_3 + D_5 + D_7 + D_9 = \overline{\overline{(D_1+D_9)} + \overline{(D_3+D_7)} + \overline{(D_5+D_7)}}$$

$$= \overline{\overline{D_1+D_9} \cdot \overline{D_3+D_7} \cdot \overline{D_5+D_7}}$$

$$B = D_2 + D_3 + D_6 + D_7 = \overline{\overline{(D_2+D_6)} + \overline{(D_3+D_7)}} = \overline{\overline{D_2+D_6} \cdot \overline{D_3+D_7}}$$

$$C = D_4 + D_5 + D_6 + D_7 = \overline{\overline{(D_4+D_6)} + \overline{(D_5+D_7)}} = \overline{\overline{D_4+D_6} \cdot \overline{D_5+D_7}}$$

$$D = D_8 + D_9 = \overline{\overline{D_8+D_9}}$$

由以上逻辑表达式，可画出如图 9-6 所示的 8421 码编码器的逻辑图。

上述 8421 码编码器的十位输入中，任何时刻只允许其中一位为 1。同时出现两位以上为 1 的情况属于非法输入，这将引起编码输出混乱。但在实际应用中，由于干扰和误操作，这种情况很难完全避免。一种称为优先编码器的电路能解决这个问题。

（3）优先编码器　优先编码器允许同时输入多个编码信号，而电路只对其中优先级别最高的信号进行编码，从而保证了编码器工作的可靠性。常见的集成优先编码器有

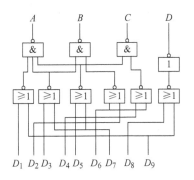

图 9-6　8421 码编码器的逻辑图

10 线–4 线集成优先编码器，常见型号有 54/74147、54/74LS147；8 线–3 线集成优先编码器，常见型号有 54/74148、54/74LS148。

74LS147 优先编码器是一个 10 线–4 线的 16 脚的集成芯片，如图 9-7 所示。其中 15 脚为

空脚，$\bar{I}_1$—$\bar{I}_9$为信号输入端，$\bar{A}$—$\bar{D}$为输出端。输入和输出均为低电平有效，因此输入信号$\bar{I}_1$—$\bar{I}_9$和输出信号$\bar{A}$—$\bar{D}$均用反码表示。它是一个典型的8421码优先编码器，优先级别由$\bar{I}_9$至$\bar{I}_1$。

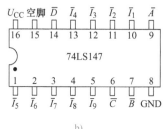
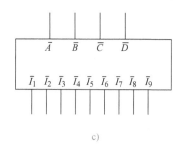

图9-7　74LS147优先编码器集成芯片

a）实物图　b）引脚分布图　c）逻辑电路符号

【例9-3】　汽车发动机温度传感器输出电压为0~5V的模拟电压信号，必须赋值编码变成二进制代码才能输送到ECU。试用1个5V电源，10个10kΩ电阻，10个微动开关，4个LED灯，1个CT74LS147芯片，连接1个8421码优先编码器。

解：将发动机温度传感器0~5V电压分成10段，并分别赋值：每0.5V为1段，即0.0~0.5记"0"；0.5~1.0记"1"，…，4.5~5.0记"9"。引脚标非表示低电平有效。给输入引脚I_0~I_9分别加电，观察LED灯发光情况，并根据发光情况写出8421码优先编码器真值表（表9-5）。用与非门完成74LS147集成优先编码器接线图，如图9-8所示。

表9-5　8421码优先编码器真值表

输　　入										输　　出			
I_0	I_1	I_2	I_3	I_4	I_5	I_6	I_7	I_8	I_9	Y_3	Y_2	Y_1	Y_0
1	0	0	0	0	0	0	0	0	0	0	0	0	0
0	1	0	0	0	0	0	0	0	0	0	0	0	1
0	0	1	0	0	0	0	0	0	0	0	0	1	0
0	0	0	1	0	0	0	0	0	0	0	0	1	1
0	0	0	0	1	0	0	0	0	0	0	1	0	0
0	0	0	0	0	1	0	0	0	0	0	1	0	1
0	0	0	0	0	0	1	0	0	0	0	1	1	0
0	0	0	0	0	0	0	1	0	0	0	1	1	1
0	0	0	0	0	0	0	0	1	0	1	0	0	0
0	0	0	0	0	0	0	0	0	1	1	0	0	1

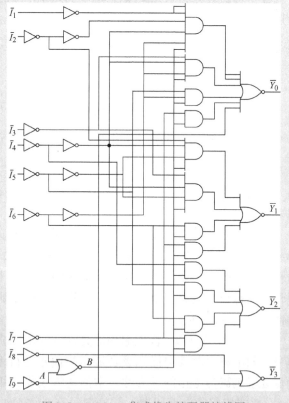

图9-8　74LS147集成优先编码器接线图

2. 译码器

译码是编码的逆过程。在编码时，每一种二进制代码状态都赋予了特定的含义。译码就是将二进制代码所表示的信息翻译成对应的高、低电平信号。实现译码功能的电路称为译码器。译码器是一个多输出的组合逻辑电路，译码器分为变量译码器和显示译码器。变量译码器有二进制和非二进制译码器。显示译码器按材料不同分为荧光、发光二极管和液晶显示译码器；按显示内容不同分为文字、数字和符号译码器。

（1）二进制译码器 74LS138 是常用的二进制中规模集成电路的 3 线-8 线译码器，如图 9-9 所示。其真值表见表 9-6。74LS138 是一个 16 脚的芯片，电源 U_{CC} 在 16 号引脚、接地脚 GND 在 8 号引脚。

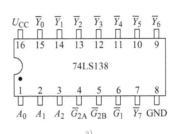

图 9-9 74LS138 译码器集成芯片

a）引脚分布图 b）实物图

表 9-6 74LS138 译码器真值表

$\overline{G}_1$	$\overline{G}_{2A} + \overline{G}_{2B}$	A_2	A_1	A_0	$\overline{Y}_0$	$\overline{Y}_1$	$\overline{Y}_2$	$\overline{Y}_3$	$\overline{Y}_4$	$\overline{Y}_5$	$\overline{Y}_6$	$\overline{Y}_7$
X	1	X	X	X	1	1	1	1	1	1	1	1
0	X	X	X	X	1	1	1	1	1	1	1	1
1	0	0	0	0	0	1	1	1	1	1	1	1
1	0	0	0	1	1	0	1	1	1	1	1	1
1	0	0	1	0	1	1	0	1	1	1	1	1
1	0	0	1	1	1	1	1	0	1	1	1	1
1	0	1	0	0	1	1	1	1	0	1	1	1
1	0	1	0	1	1	1	1	1	1	0	1	1
1	0	1	1	0	1	1	1	1	1	1	0	1
1	0	1	1	1	1	1	1	1	1	1	1	0

（2）二-十进制译码器 将二-十进制代码翻译成 10 个十进制数字信号的电路，称为二-十进制译码器。二-十进制译码器的输入是十进制数的 4 位二进制编码，分别用 D、C、B、A 表示；输出信号与十进制数相对应的 10 个信号用 $Y_9 \sim Y_0$ 表示，常称为 4 线-10 线译码器。8421 码译码器真值表见表 9-7。8421 码译码器逻辑图如图 9-10 所示。

表 9-7 8421 码译码器真值表

D	C	B	A	Y_0	Y_1	Y_2	Y_3	Y_4	Y_5	Y_6	Y_7	Y_8	Y_9
0	0	0	0	1	0	0	0	0	0	0	0	0	0
0	0	0	1	0	1	0	0	0	0	0	0	0	0
0	0	1	0	0	0	1	0	0	0	0	0	0	0
0	0	1	1	0	0	0	1	0	0	0	0	0	0

(续)

D	C	B	A	Y_0	Y_1	Y_2	Y_3	Y_4	Y_5	Y_6	Y_7	Y_8	Y_9
0	1	0	0	0	0	0	0	1	0	0	0	0	0
0	1	0	1	0	0	0	0	0	1	0	0	0	0
0	1	1	0	0	0	0	0	0	0	1	0	0	0
0	1	1	1	0	0	0	0	0	0	0	1	0	0
1	0	0	0	0	0	0	0	0	0	0	0	1	0
1	0	0	1	0	0	0	0	0	0	0	0	0	1
1	0	1	0	X	X	X	X	X	X	X	X	X	X
1	0	1	1	X	X	X	X	X	X	X	X	X	X
1	1	0	0	X	X	X	X	X	X	X	X	X	X
1	1	0	1	X	X	X	X	X	X	X	X	X	X
1	1	1	0	X	X	X	X	X	X	X	X	X	X
1	1	1	1	X	X	X	X	X	X	X	X	X	X

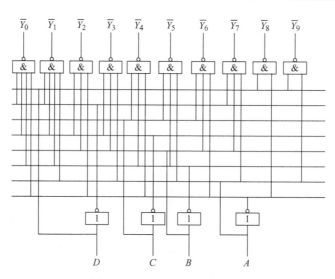

图 9-10 8421 码译码器逻辑图

由真值表 9-7 通过卡诺图化简得到简化逻辑表达式:

$$Y_0 = \overline{A}\,\overline{B}\,\overline{C}\,\overline{D} \qquad Y_1 = A\,\overline{B}\,\overline{C}\,\overline{D}$$

$$Y_2 = \overline{A}B\,\overline{C} \qquad Y_3 = AB\,\overline{C}$$

$$Y_4 = \overline{A}\,\overline{B}C \qquad Y_5 = A\,\overline{B}C$$

$$Y_6 = \overline{A}BC \qquad Y_7 = ABC$$

$$Y_8 = \overline{A}D \qquad Y_9 = AD$$

3. 显示译码器

在各种数字设备中，经常需要将文字、数字和符号直观地显示出来，供人们直接读取结果，或用以监视数字系统的工作情况。二-十进制代码通过显示译码器转换成人们习惯的形式显示出来。显示译码器常见的是数字显示器，它主要由译码器、驱动器和显示器三大部分组成。显示器件的种类很多，在数字电路中最常用的显示器是半导体显示器（又称为发光二极管显示器，简称 LED）和液晶显示器（LCD）。LED 主要用于显示数字和字母，LCD 可以显示数字、字母、文字和图形等。现代轿车的发动机转速表和车速表多为数字式仪表。

下面以七段数码显示器为例进行介绍。

（1）数码显示器　七段 LED 数码显示器俗称数码管，是常用的显示器件，数码管的内部结构是由七个发光二极管的阴极或阳极连接在一起组成的（如图 9-11a 所示），所以，数码管又分为共阴极数码管和共阳极数码管两种类型，如图 9-11b、图 9-11c 所示。

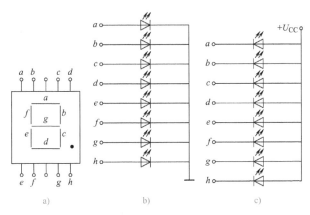

图 9-11　七个发光二极管外形及两种接法

a）外形图　b）共阴极　c）共阳极

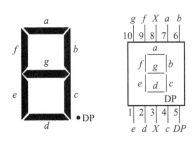

图 9-12　七段数码管显示数字组合

七段 LED 数码显示器的工作原理是将要显示的十进制数码分成七段，每段为一个发光二极管，利用不同发光段组合来显示不同的数字，如图 9-11a 所示。

图 9-12 所示为七段数码管显示数字组合，X 为共阴极，其内部是发光二极管的负极连在一起（接地）的电路，当每一段加上正向电压时，各段二极管导通发亮，根据需要，即可显示不同的数字。若显示 2，就是在 a、b、d、e、g 段接高电平；若 a、b、c 段接高电平，则显示数字 7。各段与显示数字的关系如图 9-13 所示。

图 9-13　各段与显示数字的关系

（2）显示译码器　74LS48是BCD码到七段码的显示译码器，它是数字电路中很常见的器件之一，它可以直接驱动共阴极数码管。它的引脚排列图如图9-14所示，其真值表见表9-8。

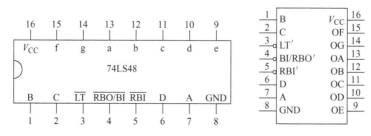

图9-14　74LS48的引脚排列图

表9-8　74LS48的真值表

输　　入				输　　　出							显示字形
A_3	A_2	A_1	A_0	a	b	c	d	e	f	g	
0	0	0	0	1	1	1	1	1	1	0	0
0	0	0	1	0	1	1	0	0	0	0	1
0	0	1	0	1	1	0	1	1	0	1	2
0	0	1	1	1	1	1	1	0	0	1	3
0	1	0	0	0	1	1	0	0	1	1	4
0	1	0	1	1	0	1	1	0	1	1	5
0	1	1	0	0	0	1	1	1	1	1	6
0	1	1	1	1	1	1	0	0	0	0	7
1	0	0	0	1	1	1	1	1	1	1	8
1	0	0	1	1	1	1	0	0	1	1	9

4. 数据选择器

在多路数据传送过程中，能够根据需要将其中任意一路挑选出来的电路，称为数据选择器。

数据选择器可将数据源传来的数据分配到不同通道上，因此它类似于一个单刀多掷开关，数值选择器集成芯片如图9-15所示。

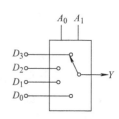

图9-15　数值选择器集成芯片

集成数据选择器74LS153中，D_0—D_3是输入的四路信号；A_0、A_1是地址选择控制端；S是选通控制端；Y是输出端。输出端Y可以是四路输入数据中的任意一路。74LS153数值选择器引脚分布图和实物图如图9-16所示。

集成数据选择器CT1153功能见表9-9。

表 9-9　集成数据选择器 CT1153 功能

输入				输出
S	D	A_1	A_0	Y
1	×	×	×	0
0	D_0	0	0	D_0
0	D_1	0	1	D_1
0	D_2	1	0	D_2
0	D_3	1	1	D_3

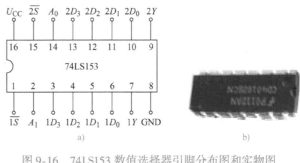

图 9-16　74LS153 数值选择器引脚分布图和实物图

a）引脚分布图　b）实物图

集成数据选择器的规格很多，常用的型号有 74LS151、CT4138 八选一选择器、74LS153、CT1153 双四选一选择器等。

现代汽车都是通过数字仪表来显示汽车运行信息（如汽车行驶速度、行驶里程、平均油耗、燃油消耗、时间等）的。

集成 8 线-3 线优先编码器仿真实验

【实训目的】

1. 掌握编码器的工作原理。

2. 利用仿真软件验证编码器的逻辑功能。

【设备器材】

计算机、电子电路仿真软件 Multisim。

【重点难点】

重点：编码器工作原理。

难点：仿真软件运用。

【实训步骤】

1）在菜单栏中选择 View 按钮，出现下拉式菜单，光标选择 Toolbars，右边出现一个小三角形，按住徽标左钮，出现一些菜单。分别选择四个选项打"√"，即 Standard（工具栏）、Components（元器件栏）、Instruments（仪器仪表栏）、Simulation Switch（仿真开关），从而组成 Multisim 10 标准操作界面，如图 9-17 所示。

2）单击电子仿真软件 Multisim 基本界面元器件栏 符号（Place TTL）按钮，选取弹出对话框中 "Family" 栏下的 "74LS" 系列，再在 "Component" 栏中选中 "74LS148D"。单击对话框右上角的 "OK" 按钮，将 8 线-3 线优先编码器 74LS148D 调出，置于电子平台上，如图 9-18 所示。

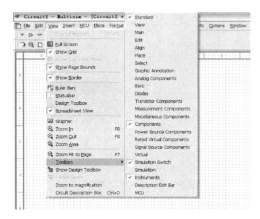

图 9-17　Multisim 10 标准操作界面设置

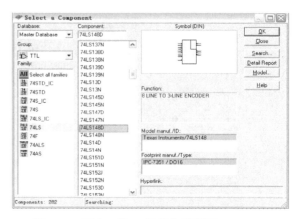

图 9-18　调出 8 线-3 线优先编码器 74LS148D

3）单击电子仿真软件 Multisim 基本界面元器件栏 符号（Place Basic）按钮，选取弹出对话框中"Family"栏下的"SWITCH"系列，再在"Component"栏中选中"SPDT"。单击对话框右上角的"OK"按钮，将单刀双掷开关调出，置于电子平台上，共需 8 个。调整开关水平转向，使其排列整齐，依次双击开关图标，分别将它们的"Key"设置成 1 - 8（或者 A - H）即可，如图 9-19 所示。

4）单击电子仿真软件 Multisim 基本界面元器件栏 符号

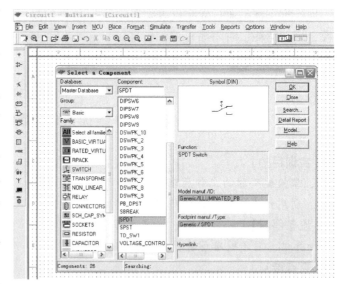

图 9-19　调出单刀双掷开关

（Place Indicater）按钮，选取弹出对话框中"Family"栏下的"PROBE"系列，再在"Component"栏中选中"PROBE_RED"。单击对话框右上角的"OK"按钮，将红色指示灯调出，置于电子平台上，共需 3 个，如图 9-20 所示。

5）单击电子仿真软件 Multisim 基本界面元器件栏 符号（Place Source 信号源库）按钮，选取弹出对话框中"Family"栏下的"POWER_SOUR"系列，再在"Component"栏中分别选中"VCC"和"GROUND"。单击对话框右上角的"OK"按钮，将电源线和地线调出，置于电子平台上，如图 9-21 所示。

6）将所有调出的元器件整理并按电路图连线，如图 9-22 所示。

7）打开仿真开关，通过单刀双掷开关 J0 - J7 的设置，改变输入状态，可以观察到输出指示灯 Y2 - Y0 的发光情况。

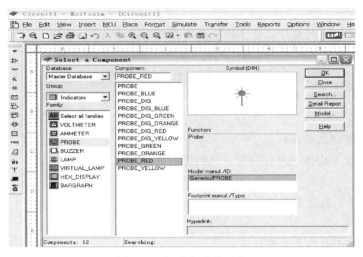

图 9-20　调出红色指示灯

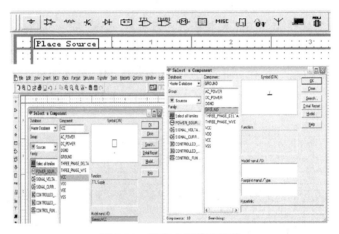

图 9-21　调出电源线和地线

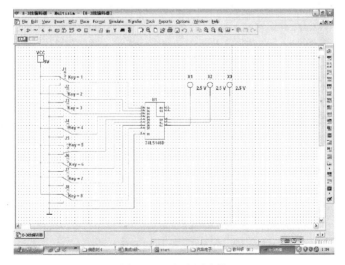

图 9-22　电路图连线

【实训总结】

通过实训，应能够利用仿真软件验证编码器的逻辑功能。

七段数码显示电路仿真实验

【实训目的】

1. 掌握译码器的工作原理。

2. 利用仿真软件验证七段译码器电路的工作原理。

【设备器材】

计算机、电子电路仿真软件 Multisim。

【重点难点】

重点：数码显示电路工作原理。

难点：仿真软件运用。

【实训步骤】

1）单击电子仿真软件 Multisim 基本界面元器件栏 符号（Place TTL）按钮，选取弹出对话框中"Family"栏下的"74LS"系列，再在"Component"栏中选中"74LS47D"。单击对话框右上角的"OK"按钮，将 BCD/7 段译码器 74LS47D 调出，置于电子平台上，如图 9-23 所示。

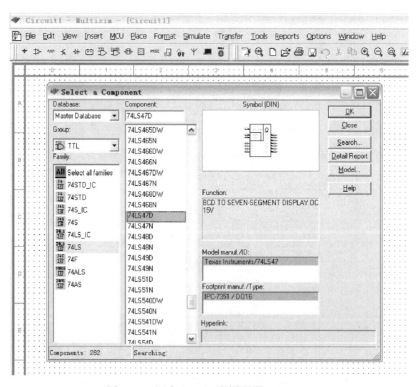

图 9-23　调出 BCD/7 段译码器 74LS47D

2）单击电子仿真软件 Multisim 基本界面元器件栏 ⏚⏚⏚ 符号（Place Basic）按钮，选取弹出对话框中"Family"栏下的"SWITCH"系列，再在"Compo-nent"栏中选中"SPDT"。单击对话框右上角的"OK"按钮，将单刀双掷开关调出（图9-24），置于电子平台上，共需3个。调整开关水平转向，使其排列整齐，依次双击开关图标，分别将它们的"Key"设置成1、2、3（或者 A、B、C）即可。再在"Family"栏中选取"RESESTOR"，拉动"Component"栏下的滚动条，找到"24"电阻，将它们置于电子平台。

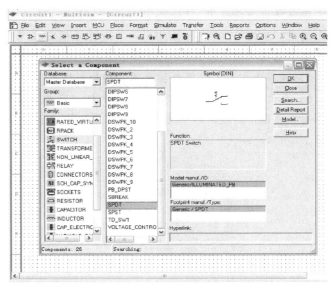

图 9-24　调出单刀双掷开关

3）单击电子仿真软件 Multisim 基本界面元器件栏 ▦ 符号（Place Indicater）按钮，选取弹出对话框中"Family"栏下的"HEX_DISPLAY"系列，再拉动"Component"栏下的滚动条选中"SEVEN_SEG_COM_A"。单击对话框右上角的"OK"按钮，将共阳极 BCD/7 段译码数码管调出，置于电子平台上，共需1个，如图9-25所示。

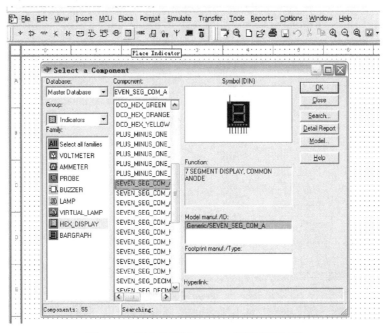

图 9-25　调出共阳极 BCD/7 段译码数码管

4）单击电子仿真软件 Multisim 基本界面元器件栏 ⏚ 符号（Place Source 信号源库）按

钮，选取弹出对话框中"Family"栏下的"POWER_SOUR"系列，再在"Component"栏中分别选中"VCC"和"GROUND"。单击对话框右上角的"OK"按钮，将电源线和地线调出，置于电子平台上。如图9-26所示。

5) 将以上调出元件经移动整理后按如图9-27所示连好仿真电路。

6) 打开仿真开关，逻辑图，分别将J1-J3设置成000-111，从共阳极BCD/7段译码数码管上可以看到显示的十进制数0-7。J3-J1设置成011，故数码管显示3，如图9-28所示。

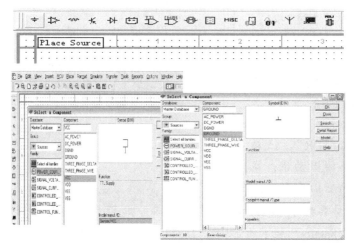

图9-26 调出电源线和地线

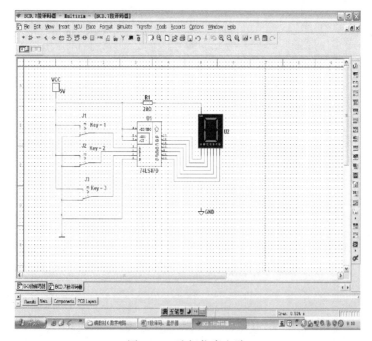

图9-27 连好仿真电路

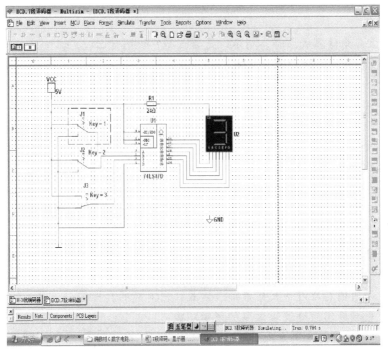

图 9-28　数码管显示

三变量表决器仿真实验

【实训目的】

1. 掌握组合逻辑电路的设计方法。

2. 用仿真实验验证表决器电路的逻辑功能。

【设备器材】

计算机、电子电路仿真软件 Multisim。

【重点难点】

重点：表决器工作原理。

难点：仿真软件运用。

【实训步骤】

1) 打开仿真软件工作界面，调出 74LS00N 二－四输入与非门和 74LS20N 四－二输入与非门各一片，调出其他所需原件，表决器仿真电路如图 9-29 所示。

2) 仿真测试：分别使控制按键接高、低电平，观察指示灯亮、灭

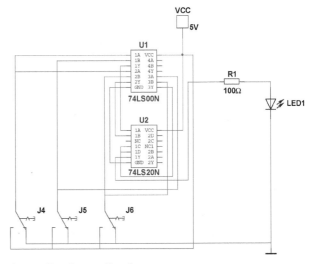

图 9-29　表决器仿真电路

变化情况。通过仿真测试，判断三变量表决器工作原理。

【拓展练习】

1. 两人以上同意结果成立时，指示灯是否点亮？说明什么？

2. 三人表决器电路在实际生活中有哪些应用？

组合逻辑电路一般由若干基本逻辑单元组成，其特点是任何时候的输出仅取决于该时刻的输入，而与电路原来的状态无关。它只包括门电路，而没有存储单元。

本模块重点讲述组合逻辑电路的分析和设计方法。组合逻辑电路的分析步骤如下：

1）根据给出的组合逻辑电路图，由输入端逐级向后递推，写出每个门的输出对应输入的逻辑关系，最后得到整个组合逻辑电路的输出变量对应输入变量的逻辑函数表达式。

2）利用逻辑代数法或卡诺图法，对所得的逻辑函数表达式进行转换或化简，得到逻辑函数的标准表达式或最简表达式。

3）由逻辑函数的标准表达式或最简表达式列出对应的真值表。

4）由真值表判断出组合逻辑电路的逻辑功能。

组合逻辑电路设计的一般步骤如下：

1）根据所需功能的要求和条件，弄清输入、输出变量的个数及它们之间的逻辑关系，列出满足逻辑要求的真值表。

2）由真值表列出逻辑函数的标准与或表达式或最简与或表达式。

3）进行逻辑函数化简，将标准与或表达式化简为最简与或表达式。

4）根据所选的门电路类型及实际问题的要求，将逻辑函数进行逻辑变换。

5）由所得到的逻辑表达式画出逻辑电路图。

组合逻辑电路最常用的中规模集成器件包括：编码器、译码器、数据选择器等。必须熟悉它们的逻辑功能、外部特性才能灵活运用。

思考与练习题

一、填空题

1. 编码器输入有8个信号，输出应为_____位二进制代码。

2. 半导体数码显示器的内部电路接法有两种形式，即共_____接法和共_____接法。

3. 组合电路由_____构成，它的输出只取决于_____而与原状态无关。

二、单选题

1. 组合逻辑电路的输出状态仅取决于（　　）。

A. 静态工作点　　　　　　　　　B. 当前输入情况

C. 原来所处的状态　　　　　　　　D. 电源电压的高低

2. 下列电路中，不属于组合逻辑电路的是（　　）。

A. 译码器　　　　B. 全加器　　　　C. 寄存器　　　　D. 编码器

3. 逻辑电路如题图 9-1 所示，其逻辑式为（　　）。

A. $F = A + \overline{\overline{\overline{B}}\,\overline{C}}$　　　　　　　　B. $F = A \cdot \overline{\overline{\overline{B}} + \overline{C}}$

C. $F = A + \overline{\overline{\overline{B}} + \overline{C}}$　　　　　　　D. $F = A \cdot \overline{\overline{B}\,\overline{C}}$

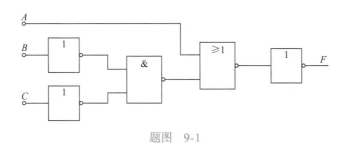

题图 9-1

三、简答题

1. 写出题图 9-2 电路的逻辑表达式，并进行化简，分析电路的逻辑功能。

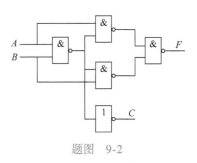

题图 9-2

2. 写出题图 9-3 电路的逻辑表达式，并进行化简，分析电路的逻辑功能。

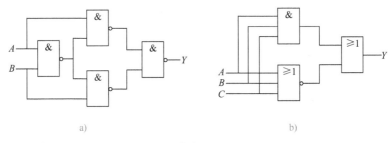

a)　　　　　　　　　　　　b)

题图 9-3

3. 根据显示译码器中，在题图 9-4a 中标出 $a-g$ 显示管顺序。在题图 9-4b 和题图 9-4c 中分别说出哪个是共阴极？哪个是共阳极？

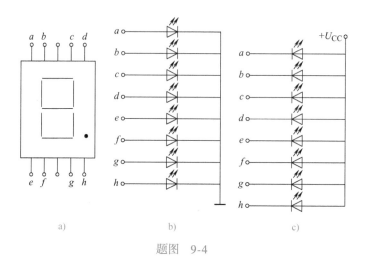

题图 9-4

4. 一汽车间有红、黄、绿三个故障指示灯，用来表示 3 台设备的工作情况。正常工作时，绿灯亮；若一台设备出现故障，则黄灯亮；若两台设备出现故障，则红灯亮；若三台设备同时出现故障，则红灯和黄灯都亮。试用与非门和异或门设计一个能实现此要求的逻辑电路（写出真值表、表达式、逻辑图）。

5. 试用与非门设计一个三人表决电路（输入只提供原变量）。

模块十

触发器与时序逻辑电路

本模块介绍构成数字系统的另一个基本逻辑单元——触发器和时序逻辑电路。时序逻辑电路是数字系统的重要内容。本模块将首先讲述基本 RS 触发器、同步 RS 触发器、边沿触发器的电路结构、动作特点、逻辑功能和描述方法；然后介绍时序逻辑电路的分析方法和步骤，以及计数器、寄存器、存储器等常用时序逻辑电路的工作原理和使用方法；最后讲述信号的采集与转换作用，并介绍如何利用电子仿真软件 Multisim 实现对常用时序逻辑电路的设计，以及验证方法。

1. 了解时序逻辑电路基本概念、电路特点。
2. 掌握基本常用的时序逻辑电路功能与特点。

1. 能够通过查找资料或上网获取学习所需信息。
2. 能够认识各种基本触发器。
3. 能够用软件验证各种基本触发器逻辑功能。

培养严谨认真、精益求精的工匠精神。

8 学时

课题一　触　发　器

组合逻辑电路都有一个共同的特点，即在某一时刻的输出完全取决于当时的输入信号，只要输入发生了变化，输出也随之变化，它们没有记忆功能。而在数字系统中，常常需要存储各种数字信息，也就是需要电路有记忆功能。所以，在一个复杂的数字系统中，还使用着另一种类型的电路，称为时序逻辑电路。这种电路的特点是门电路的输出状态不仅取决于当时的输入信号，还与电路原来的状态有关。而触发器是构成时序逻辑电路的基本单元。

基本RS触发器

时序逻辑电路具有以下两个基本特征：

其一，触发器有两个稳定状态，分别称为"0"状态和"1"状态，在没有外界信号作用时，触发器维持原来的稳定状态不变，即触发器具有记忆功能。

其二，在输入信号和脉冲作用下，触发器的两个稳定状态可以互相转换，转变的过程称翻转。

触发器有很多种，以下介绍几种常见触发器。

1. 基本 RS 触发器

（1）电路组成　各种组合逻辑电路在输入信号作用下，虽然具有两种不同的输出状态（0和1），但由于电路中没有反馈环节，因此不具有记忆功能。基本 RS 触发器逻辑电路可用两个与非门交叉连接而成，如图 10-1a 所示。$\bar{R}$ 和 $\bar{S}$ 表示输入低电平有效，在逻辑符号中用小圆圈表示，如图 10-1b 所示。Q 和 $\bar{Q}$ 为输出端，在触发器稳定状态时，它们的输出状态相反。$Q=0$，$\bar{Q}=1$ 时，称触发器的状态为"0"态；当 $Q=1$，$\bar{Q}=0$ 时，称触发器的状态为"1"态。

（2）工作功能　当 $\bar{R}=0$、$\bar{S}=1$ 时，$Q=0$，$\bar{Q}=1$，触发器置0；当 $\bar{R}=1$、$\bar{S}=0$ 时，$Q=1$，$\bar{Q}=0$，触发器置1；$\bar{R}=1$、$\bar{S}=1$ 时，触发器保持原状态不变；$\bar{R}=0$、$\bar{S}=0$ 时，$Q=0$，$\bar{Q}=1$，触发器状态不定。在实际上这种情况是不允许的，为此要求 $\bar{R}+\bar{S}=1$。

（3）真值表　现态指触发器输入信号变化前的状态，用 Q^n 表示；次态是指触发器输入信号变化后的状态，用 Q^{n+1} 表示。基本 RS 触发器的功能表见表 10-1。

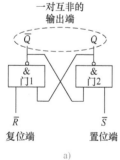

图 10-1　基本 RS 触发器

a）逻辑电路　b）逻辑符号

表 10-1　基本 RS 触发器的功能表

R	S	Q^n	Q^{n+1}	功能说明
0	0	0	×	不稳定状态
0	0	1	×	
0	1	0	0	置0（复位）
0	1	1	0	
1	0	0	1	置1（置位）
1	0	1	1	
1	1	0	0	保持原状态
1	1	1	1	

（4）时序图　反映输入信号和输出状态之间关系的工作波形图，称为时序图。它的特点是能直观、形象地显示触发器的输入与输出之间的关系。基本 RS 的时序图如图 10-2 所示。

由上面分析可知，基本 RS 触发器用两个输入端分别加有效信号（在这里低电平有效）可使触发器直接置 0 和置 1。一旦置 0 后，没有置 1 信号，它保持"0"状态，反之亦然。由此，又把基本 RS 触发器的 S 和 R 称为直接置位端和直接复位端，这种触发器只可以用来存储信息，不能用来计数。

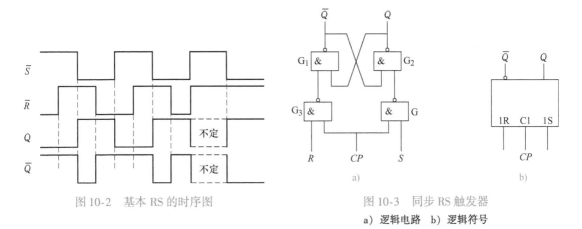

图 10-2　基本 RS 的时序图　　　　图 10-3　同步 RS 触发器

a）逻辑电路　b）逻辑符号

2. 同步 RS 触发器

图 10-3a 是同步 RS 触发器的逻辑电路，图 10-3b 是它的逻辑符号。

图 10-3a 中，与非门 G_1 和 G_2 构成基本触发器，与非门 G_3 和 G_4 构成导引电路。R 和 S 是置 0 和置 1 信号输入端，CP 是时钟脉冲输入端。

在实际工作中，触发器的工作状态不仅要由 $\bar{R}$、$\bar{S}$ 端的信号来决定，而且还要求触发器按一定的节拍翻转，为此，需要加入一个时钟控制端 CP，只有在 CP 端上出现时钟脉冲时，触发器的状态才发生变化。具有时钟脉冲控制的触发器称为时钟触发器，又称为同步触发器。

在脉冲数字电路中所使用的触发器往往用一种正脉冲来控制触发器的翻转时刻，这种正脉冲就称为时钟脉冲，它也是一种控制命令。通过导引电路来实现时钟脉冲对输入端 R 和 S 的控制，故又称可控 RS 触发器。当时钟脉冲来到之前，即 $CP=0$ 时，无论 R 和 S 端的电平如何变化，G_3 和 G_4 门的输出均为 1，基本触发器保持原状态不变。只有时钟脉冲来到之后，即 $CP=1$ 时，触发器才按 R、S 端的输入状态来决定其输出状态。时钟脉冲过去后，输出状态保持时钟脉冲为高电平的状态不变。同步 RS 触发器的特性表见表 10-2。

表 10-2　同步 RS 触发器的特性表

R	S	Q^n	Q^{n+1}	功能说明
0	0	0	0	保持原状态
0	0	1	1	
0	1	0	1	输出状态与 S
0	1	1	1	状态相同
1	0	0	0	输出状态与 S
1	0	1	0	状态相同
1	1	0	×	输出状态
1	1	1	×	不稳定

表 10-2 中，Q^n 表示时钟到来之前触发器的输出状态，称为现态。Q^{n+1} 表示时钟脉冲到来之后的输出状态，称为次态。

从表 10-2 中可以看出，如果时钟脉冲为高电平（$R = S = 1$），输出就没有固定的状态，这种不正常的情况应避免出现。另外，同步 RS 触发器的逻辑功能比基本触发器多一些，它不但可以实现记忆和存储，还具有计数功能。

为了克服 $R = S = 1$ 时，输出状态不定的情况，就引入了 JK 触发器和 D 触发器。

3. 边沿触发器

基本 RS 触发器的状态是由输入端信号直接控制的。在实际使用中，触发器的状态不仅由输入控制，还要求触发器能按一定的节拍动作。为此引入了决定动作时间的信号，称为时钟脉冲或时钟信号，简称时钟，用 CP 表示。只有时钟信号出现后，触发器的状态才能改变，这种触发器称为时钟触发器。时钟触发器有电平触发器和边沿触发器两大类，电平触发器由于存在空翻问题，在实际应用中只能用于数据存储，而不能用于计数、分频、移位等电路。下面介绍应用范围很广的边沿触发器。

（1）主从 JK 触发器 图 10-4a 所示是主从 JK 触发器逻辑电路，图 10-4b 是它的逻辑符号。它由两个可控 RS 触发器组成，两者分别称为主触发器和从触发器。此外，它还通过一个非门将两个触发器的时钟脉冲端连接起来，这就是触发器的主从型结构。时钟脉冲的前沿使主触发器翻转，而时钟脉冲的后沿使从触发器翻转，主从之名由此而来。主从 JK 触发器的特性见表 10-3。

表 10-3 主从 JK 触发器的特性

J	K	Q^n	Q^{n+1}	功能说明
0	0	0	0	保持原状态
0	0	1	1	
0	1	0	0	输出状态与
0	1	1	0	J 状态相同
1	0	0	1	输出状态与
1	0	1	1	J 状态相同
1	1	0	1	每输入一个
1	1	1	0	脉冲输出状态改变一次

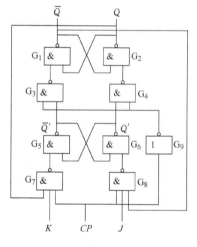

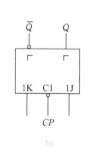

图 10-4 主从 JK 触发器
a）逻辑电路 b）逻辑符号

这种触发器不会出现"空翻"现象，因为 $CP = 1$ 期间，从触发器的状态不会改变；而当 CP 下跳为 0 时，从触发器或翻转或保持原态，但主触发器的状态又不会改变，所以不会出现"空翻"的情况。

由上述可知，主从触发器在 $CP = 1$ 时，把输入信号暂时存储在主触发器中，为从触发器的翻转或保持原状态做好准备；当 CP 下跳为 0 时，存储的信号起作用，或者触发从触发器使之翻转，或者使之保持原状态，此外，主从型触发器具有在 CP 从 1 下跳为 0 时翻转的

特点，也就是具有时钟脉冲后沿触发的特点。

（2）D触发器　D触发器也是一种应用广泛的触发器。国产D触发器几乎全是维持–阻塞型D触发器（它是上升沿触发的边沿触发电路）。D触发器真值表见表10-4。D触发器如图10-5所示。

表10-4　D触发器真值表

D	Q^{n+1}	功能
0	0	置0
1	1	置1

逻辑功能：当 $D=0$ 时，在时钟脉冲 CP 上升沿到来后，输出端的状态将变成 $Q^{n+1}=0$；而当 $D=1$ 时，则在 CP 上升沿到来后，输出状态将变为 $Q^{n+1}=1$，可见，D触发器的输出端状态仅取决于 CP 到达前 D 输入端的状态，而与触发器现态无关，其特征方程很简单，即 $Q^{n+1}=D(CP\uparrow)$。

当把D触发器的 D 输入端与输出端连接在一起时，也可构成计数器。

（3）T触发器　可将主从JK触发器转换成T触发器，如图10-6所示。T触发器在时钟脉冲的作用下，具有保持和翻转的功能。

T触发器的功能见表10-5。当 $T=0$ 时，在时钟脉冲的作用下，T触发器具有保持的功能，当 $T=1$ 时，T触发器具有翻转的功能。

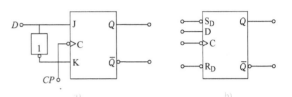

图10-5　D触发器
a）逻辑电路　b）逻辑符号

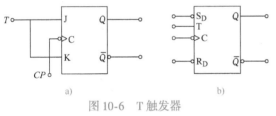

图10-6　T触发器
a）逻辑电路　b）逻辑符号

表10-5　T触发器的功能

T	Q^{n+1}	功能
0	Q^n	保持
1	$\overline{Q^n}$	翻转

【例10-1】　已知边沿D触发器，输入 CP 和 D 信号波形，如图10-7所示。试画出端 Q 和 $\overline{Q}$ 的波形。

解：只要根据每一个 CP 上升沿到来瞬间前 D 的状态，即可决定触发器每一个状态 Q^{n+1}，其 Q 和 $\overline{Q}$ 的波形如图10-7所示。

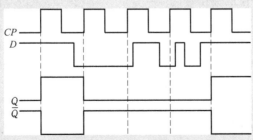

图10-7　例10-1的波形图

课题二　计　数　器

汽车仪表板上的行程表、时间表和交通信号灯倒计时表都要用到计数器。我们把具有计数功能的逻辑器件称为计数器。计数器是数字系统中应用场合最多的时序逻辑电路。它不仅用于对时钟脉冲个数进行计数，还可以用于定时、分频及数字运算等。

计数器主要由触发器构成。计数器的种类很多，若按各个计数单元动作的次序划分，可分为同步计数器和异步计数器；若按进制方式的不同划分，可分为二进制计数器、十进制计数器、任意进制计数器；若按计数过程中数字的增减划分，可分为加法计数器、减法计数器和加减均可的可逆计数器。下面主要通过二进制计数器和同步计数器来说明其工作特点。

1. 二进制计数器

常用的二进制计数器由若干个触发器组成。根据计数脉冲是否同时加在各触发器的时钟脉冲输入端，二进制计数器分为异步二进制计数器和同步二进制计数器。同步二进制计数器可以由主从 JK 触发器或维持阻塞型 D 触发器组成，常用的是集成计数器。

图 10-8 是 3 个主从 JK 触发器构成的三位同步二进制加法计数器。因为二进制只有 0 和 1 两个数码，所谓二进制加法，就是"逢二进一"，即 $0+1=1$，$1+1=10$。也就是每当本位是 1，再加 1 时，本位就变为 0，而向高位进一位二进制数。

计数器

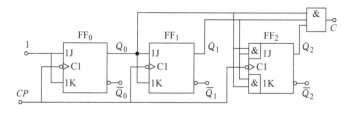

图 10-8　三位同步二进制加法计数器

该计数器的工作原理是：每来一个计数脉冲，最低位触发器就翻转一次，而高一位触发器是在低一位的触发器的 Q 输出端从 1 变为 0 时翻转。即以低一位的输出作为高一位的计数脉冲输入。由于该计数器是用主从型触发器构成，所以是输入脉冲后沿触发。

表 10-6 给出了计数脉冲个数与各触发器输出状态之间的关系。加法计数器则指其输出端的三位二进制代码是递增加 1 的，相对于加法计数器还有减法计数器。

表 10-6　计数脉冲个数与各触发器输出状态之间的关系

计数脉冲	Q_2	Q_1	Q_0
0	0	0	0
1	0	0	1
2	0	1	0
3	0	1	1
4	1	0	0
5	1	0	1
6	1	1	0
7	1	1	1
8	0	0	0

2. 同步计数器

同步计数器电路复杂，但计数速度快，多用在计算机系统中。目前生产的同步计数器芯片分为二进制和十进制两种。

集成十进制加法计数器 74LS160 具有计数、保持、预置、清零功能。图 10-9 所示为它的逻辑符号和引脚图。

图 10-9 中，$\overline{LD}$ 为同步置数控制端，$\overline{R_d}$ 为异步置 0 控制端，EP 和 ET 为计数控制端，$D_0 \sim D_3$ 为并行数据输入端，$Q_0 \sim Q_3$ 为输出端，C 为进位输出端。

74LS160 的功能见表 10-7。

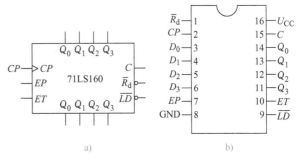

图 10-9　74LS160 的逻辑符号和引脚图
a）逻辑符号　b）引脚图

表 10-7　74LS160 的功能

输　入									输　出				说明
$\overline{R_d}$	$\overline{LD}$	EP	ET	CP	D_3	D_2	D_1	D_0	Q_3	Q_2	Q_1	Q_0	
0	×	×	×	×	×	×	×	×	0	0	0	0	异步置 0
1	0	×	×	↑	D	C	B	A	D	C	B	A	并行置数
1	1	1	1	↑	×	×	×	×					计数
1	1	0	×	×	×	×	×	×	Q_3	Q_2	Q_1	Q_0	保持
1	1	×	0	×	×	×	×	×	Q_3	Q_2	Q_1	Q_0	保持

由表 10-7 可知：

① 异步清 0。当 $\overline{R_d} = 0$ 时，输出端清 0，与 CP 无关。

② 同步并行预置数。当 $\overline{R_d} = 1$，$\overline{LD} = 0$ 时，在输入端 D_3、D_2、D_1、D_0 预置某个数据，则在 CP 脉冲上升沿的作用下，就将输入端的数据置入计数器。

③ 保持。当 $\overline{R_d} = 1$，$\overline{LD} = 1$ 时，只要 EP 和 ET 中有一个为低电平，计数器就处于保持状态。在保持状态下，CP 不起作用。

④ 计数。当 $\overline{R_d} = 1$，$\overline{LD} = 1$，$EP = ET = 1$ 时，电路为四位十进制加法计数器。当计数到 1001（9）时，进位输出端 C 送出进位信号（高电平有效），即 $C = 1$。

图 10-10 所示是 74LS160 的时序图。它反映了计数器从初始值 0000 开始对 CP 脉冲的计数，则输出 Q_3、Q_2、Q_1、Q_0 就表示计数的个数，当第九个脉冲到来时，计数器进位输出 $C = 1$，当第十个脉冲到来时，计数器输出端 Q_3、Q_2、Q_1、Q_0 清零，因此，74LS160 为同步十进制加法计数器。

由图 10-10 还可以分析出如果 CP 的频率为 f_0，那么 Q_0、Q_1、Q_2、Q_3 的频率分别为 $\frac{1}{2}f_0$、$\frac{1}{4}f_0$、$\frac{1}{8}f_0$、$\frac{1}{10}f_0$。这证明计数器具有分频作用，因此计数器也称为分频器，它们依次称为二分频、四分

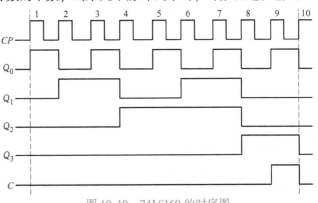

图 10-10　74LS160 的时序图

频、八分频、十分频。

课题三　寄　存　器

寄存器用来暂时存放参与运算的数据和运算结果。一个触发器只能寄存一位二进制数，要存多位数时，就得用多个触发器。常用的有四位、八位、十六位寄存器等。

寄存器存放数码的方式有并行和串行两种。并行方式就是数码各位从各对应位输入端同时输入到寄存器中；串行方式就是数码从一个输入端逐位输入到寄存器中。

从寄存器取出数码的方式也有并行和串行两种。在并行方式中，被取出的数码各位在对应于各位的输出端上同时出现；而在串行方式中，被取出的数码在一个输出端上逐位出现。

寄存器常分为数码寄存器和移位寄存器两种，其区别在于有无移位的功能。

1. 数码寄存器

这种寄存器只有寄存数码和清除原有数码的功能。图 10-11 所示是四位数码寄存器的原理。

寄存器

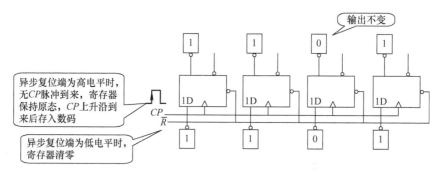

异步复位端为高电平时，无CP脉冲到来，寄存器保持原态，CP上升沿到来后存入数码

异步复位端为低电平时，寄存器清零

输出不变

图 10-11　四位数码寄存器的原理

设输入的二进制数为 1101。在"寄存指令"（正脉冲）来到之前，G_1—G_4 四个与非门的输出全为 1。由于经过清零（复位），FF_0—FF_3 四个由与非门构成的基本 RS 触发器全处于 0 态。当"寄存指令"来到时，输出为 1101。这样，就把四位二进制数码存放进了这个四位数码寄存器内，上述是并行输入、并行输出寄存器的工作原理。

2. 移位寄存器

移位寄存器不仅能存放数码，而且有移位功能。移位就是每当移位脉冲（时钟脉冲）到来时，触发器的状态便向右或向左移位，也就是寄存的数码可以在移位脉冲的控制下依次进行移位。移位寄存器在计算机中应用广泛。

图 10-12 所示是由 D 触发器组成的四位移位寄存器，数码由 D_r 端输入。在存数操作之前，先将各个触发器清零。四位移位寄存器的功能见表 10-8，当出现第 1 个移位脉冲 CP 时，待存数码的最高位和 4 个触发器的数码同时右移 1 位，即待存数码的最低位存入 Q_0，而寄存器原来所存数码的最高位从 Q_3 输出；出现第 2 个移位脉冲时，待存数码的次低位和寄存器中的 4 位数码又同时右移 1 位。依此类推，在 4 个移位脉冲作用下，寄存器中的 4 位数码同时右移 4 次，待存的 4 位数码便可存入寄存器。

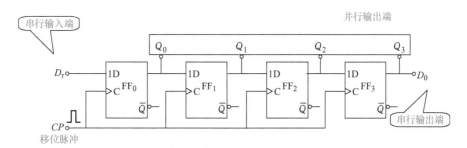

图 10-12　D 触发器组成的四位移位寄存器

表 10-8　四位移位寄存器的功能

输入		现态				次态				说明
D_r	CP	Q_0^n	Q_1^n	Q_2^n	Q_3^n	Q_0^{n+1}	Q_1^{n+1}	Q_2^{n+1}	Q_3^{n+1}	
1	↑	0	0	0	0	1	0	0	0	
1	↑	1	0	0	0	1	1	0	0	连续输入 4 个 1
1	↑	1	1	0	0	1	1	1	0	
1	↑	1	1	1	0	1	1	1	1	

集成 4 位双向移位寄存器 74194 如图 10-13 所示。

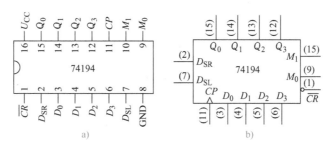

图 10-13　集成 4 位双向移位寄存器 74194

a）引脚图　b）逻辑符号

课题四　存　储　器

存储器是一种具有记忆功能的接收、保存和取出信息的设备，是计算机的重要组成部分，是 CPU 最重要的系统资源之一。车载存储器用来存放数据、资料、故障码等信息。存储器主要性能指标是存储容量、存储速度和可靠性。

计算机的内存储器由 RAM 和 ROM 两部分组成。其中，RAM 是既能读又能写的存储器，称为可读写存储器，也称为随机存取存储器。ROM 是只能读不能写的存储器，称为只读存储器。

1. 随机存取存储器（RAM）

随机存取存储器（RAM）用于存放二进制信息（数据、程序指令、运算的中间结果等），它可以在任意时刻，对任意选中的存储单元进行信息的存入（写入）或取出（读出）的信息操作，故称为随机存取存储器。

随机存取存储器由地址译码器、存储矩阵、片选控制、输入/输出控制和缓冲器等组成。

存储矩阵：它是存储器的主体，由成千上万个存储单元组成（具体数字取决于存储器容量的大小）。每个存储单元可存放一位二进制信息。通常将这些存储单元排列成方阵的形式，即若干行和若干列，如 32 行、32 列的存储矩阵，有 32 行 × 32 列 = 1024 个存储单元。

地址译码器：存储器中存放的大量二进制信息都有顺序地存放在地址所对应的存储矩阵中的存储单元中。地址译码器的任务是将输入 n 位的地址码翻译成 2^n 个字线，分别去访问 2^n 个存储单元，通常地址和存储单元是一一对应关系。

片选控制、输入/输出控制和缓冲器：存储器只有当片选信号有效（通常是低电平有效）时，即当该片存储器被选中时，才能在输入/输出控制信号（读/写控制信号）的作用下，对某一地址对应的存储单元进行读写操作。读信号有效时，由存储单元读出（输出）信息；写信号有效时，存储单元写入（输入）信息。而输入/输出缓冲器用于传送信息，缓冲器采用三态结构，以实现双向传送。

当切断电源时，原存于 RAM 的信息将会丢失，合上电源后，其中的内容也不会恢复，只不过是一些随机的信息，只有进入"写入"操作后，才能读出有用的信息。

随机存取存储器根据存储单元的电路结构和工作原理不同，分为静态 RAM 和动态 RAM 两种。RAM 6116 引脚分布如图 10-14 所示。

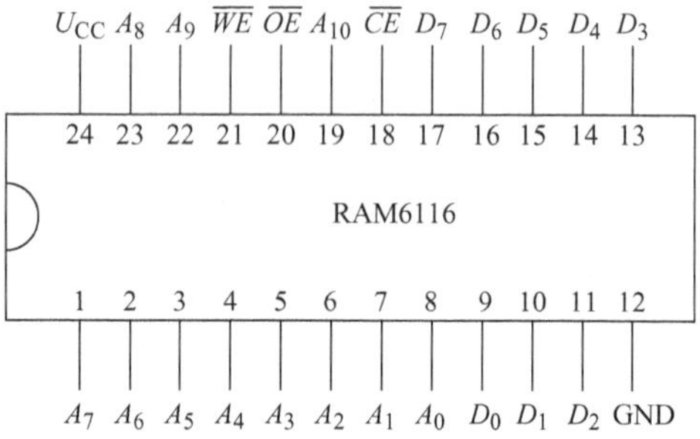

RAM6116 有三种工作方式：

图 10-14　RAM 6116 引脚分布

1）写入方式。当 $\overline{CE} = 0$，$\overline{OE} = 1$，$\overline{WE} = 0$ 时，数据线 $D_0 \sim D_7$ 上的内容存入 $A_0 \sim A_{10}$ 相应的单元。

2）读出方式。当 $\overline{CE} = 0$，$\overline{OE} = 0$，$\overline{WE} = 1$ 时，$A_0 \sim A_{10}$ 相应单元的内容输出到数据线 $D_0 \sim D_7$。

3）低功耗维持方式。当 $\overline{CE} = 1$ 时，芯片进入这种工作方式，此时器件电流仅 $20\mu A$ 左右，为系统断电时用蓄电池保持 RAM 内容提供了可能性。

2. 只读存储器（ROM）

只读存储器（ROM）不能轻易地写入（或更改原有）信息，只能进行读出操作。通常 ROM 中的程序和数据是事先存入的，在工作过程中不能改变，这种事先存入的信息不会因断电而丢失，因此 ROM 常用来存放计算机监控程序、基本输入输出程序等系统程序和数据。RAM 中的信息则会因为断电而消失，所以主要用来存放应用程序和数据。

只读存储器（ROM）按写入数据的方法可以分成以下几类：

1）固定内容的只读存储器（ROM）。生产厂家利用掩膜技术，根据用户所提供的存储内容或要求使之制作在存储矩阵或门阵列上，该内容是固定的，无法再更改，其优点是集成度高和可靠性高，适于大批量生产，缺点是适用范围不广。

2）可一次编程的只读存储器（PROM）。可一次编程的只读存储器，出厂时它的存储内容应该全为"1"（熔丝式）或全为"0"（短路式）。用户可根据自己的需要采用专门技术或设备对其进行一次性永远不可恢复的写入，一旦写入完成，其内容也就固定了，只能读出。

3）可擦编程只读存储器（EPROM）。EPROM 可以根据要求写入信息，进而长期使用，也可将其内容全部擦去，重新写入新的内容，实现多次编程。通常利用紫外线照射的方法，将 EPROM 的内容全部擦去，用专用的设备将数据再次写入。

课题五　信号的采集与转换

一、电子技术在汽车中的应用

自汽车问世一百多年来，汽车的发展给整个世界和人类的生活带来了巨大的变化，汽车技术也取得了令人瞩目的进步。特别是电子技术在汽车上的广泛应用，在汽车节能降耗、行车安全、实现绿色低碳等方面起着越来越重要的作用。

20 世纪 60 年代以后，随着电子技术的进步，汽车上开始采用电子设备，主要标志是应用了交流发电机，采用二极管整流技术，将交流电变为直流电，减小了发电机的质量和体积，提高了发电机的可靠性。后来，电子电压调节器替代了传统的触点式电压调节器，使发电机的输出电压更加稳定，并减少了维护的工作量。

进入 20 世纪 70 年代，电子技术应用在点火系统中，出现了电子控制高能点火系统、点火提前的电子控制系统，使点火能量有很大提高，点火提前控制更加精确，提高了汽车的动力性，降低了汽车的排放污染。为进一步降低汽车的排放污染和提高汽车整体性能，随之又出现了电子控制燃油喷射系统（EFI）、电子控制自动变速器（ECT）、制动防抱死系统（ABS）等。

20 世纪 80 年代以后，汽车用的电子装置越来越多，如驾驶辅助装置、安全装置、通信装置、娱乐装置等。特别是计算机技术的发展，更给汽车电子控制技术带来了一场技术革命，电子控制技术深入到汽车的各个部分，使汽车的整体性能得到了大幅度的提高。

所以，随着汽车技术的发展以及各种高新技术在汽车上的广泛应用，汽车已经由一个传统的机械装置逐渐变为一个集机械、电子、计算机、控制、通信等技术于一体的复杂系统。这一演变过程也被称为汽车电子化，相关的技术常被称为汽车电子技术。

二、汽车电子控制系统

汽车电子控制基本上都属于计算机控制，与一般的计算机控制系统类似，汽车电子控制系统主要由三大部分组成：

一是信号的输入部分，主要包括一些传感器、放大电路以及开关器件等。

二是电子控制单元（Electronic Control Unit，ECU），也常被人们称为"汽车电脑"，它是整个电子控制系统的核心部分。ECU 主要是一块结构复杂的电路板，电路板装在金属盒内（以起到保护和抗干扰的作用）。该电路包括微控制器和输入/输出（I/O）接口电路等部分，负责对输入信号进行分析、处理、计算以及发出相应的操作命令。

三是信号输出部分，包括输出驱动电路、各类继电器、电动机、电磁阀等执行器件，用于将 ECU 发出的命令转变为相应的操作。本课题主要介绍 ECU 信号是如何进行采集与处理的。

汽车电子控制系统的基本组成框图如图 10-15 所示，前面部分是传感器，中间部分是ECU，后面部分是执行器件。

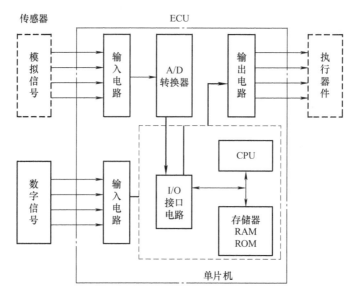

图 10-15 汽车电子控制系统的基本组成框图

计算机是一种不需要人的直接干预就能高速、自动地进行数据处理的电子装置。存储程序和控制程序运行是计算机的基本工作特征。计算机具有自动性、高速性、准确性、逻辑性和通用性。

单片微型计算机简称单片机，是微型计算机的一个重要分支。单片机体积小、质量小、能耗低，广泛应用于家用电器、智能仪表、自动检测、机电设备和汽车等各个方面的自动控制中。

当今的汽车就是一个以单片机为核心并联网控制的、机电一体化的、以燃油或其他能源为动力的交通工具。计算机在信息处理、工业控制和交通工具方面的应用越来越广泛。

 相关链接

> 微电子技术从根本上改变了汽车技术。电子系统开始替代一些机械系统，如用电子点火系统代替机械式的点火断电器触点。不断涌现的一些新的汽车系统，不使用微电子的电子系统是难以想象的，究其原因，在于对汽车的要求不断提高。如对内燃机有害气体的排放控制要求，需采用氧传感器的电子调节系统；对汽车舒适性的要求，需采用车内气候调节系统、汽车行驶的导航调节系统；对汽车安全性的要求，需采用防抱死制动系统和安全气囊等。

三、A/D、D/A 转换器的应用

随着数字技术、特别是计算机技术的飞速发展与普及，在工业过程控制、智能化仪器仪表和数字通信等领域，常要求把如温度、压力、速度、流量、位移等连续变化的模拟量，经过传感器变成电信号，这些电信号需要转换成数字量，以便计算机进行运算和处理，处理后得到的数字信号需还原成相应的模拟信号，才能驱动执行机构，A/D、D/A 转换器在计算机控制过程中的框图如图 10-16 所示。

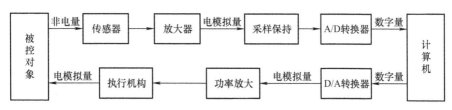

图 10-16　A/D、D/A 转换器在计算机控制过程中的框图

从模拟信号到数字信号的转换称为模/数转换，简称 A/D 转换，把实现 A/D 转换的电路称为 A/D 转换器，简写为 ADC。把实现 D/A 转换的电路称为 D/A 转换器，简写为 DAC。

1. 汽车信号的采集

信息采集是指从自然界诸多被检查与测量对象（物理量、化学量、生物量与社会量等）中提取有用的信息。

在汽车的电子控制系统中，要有能提供汽车运行状态信息的输入装置。由于微处理器只能接收数字信号，对于非电量或模拟信号是无能为力的，因此需要一种装置，能够把非电量变成电量，再经 A/D 转换器把模拟信号变成数字信号，然后输给微处理器进行处理，由微机发出各种控制命令。这种把非电量变成电量的装置就是传感器。按输出信号类型划分的传感器见表 10-9。

汽车传感器是将某种变化的物理量（绝大部分是非电量）转化成对应的电信号的元件。在汽车上传感器用来感受运行过程中诸如温度、压力、转速、位置、空气流量、气体浓度等物理量的状态及变化情况，并送到控制器或仪表。所以，汽车信号的采集，就是传感器提供的状态信息，它也是汽车电子控制的基本依据。汽车电子控制单元（ECU）的组成框图如图 10-17 所示。

表 10-9　按输出信号类型划分的传感器

输出模拟信号的传感器	输出数字信号的传感器
各种可变电阻式传感器	卡门涡旋式空气流量传感器
叶片式空气流量传感器	曲轴位置传感器
热丝式空气流量传感器	各种光电式传感器
冷却液温度传感器	各种霍尔式传感器
压力传感器	各种簧片开关式传感器
节气门位置传感器	各种报警电路的传感器
浮子可变电阻式液位传感器	

2. 汽车信号的转换

（1）模/数（A/D）转换器　A/D 转换器是将模拟信号转换成数字信号的电路，简称 ADC。ADC 电路种类很多，从工作原理来看可分为直接 ADC 和间接 ADC 两大类。在直接 ADC 中，输入模拟信号直接被转换成相应的数字信号，如计数型 ADC、逐次逼近型 ADC 和并行比较型 ADC 等；在间接 ADC 中，输入模拟信号先被转换成某种中间变量（如时间、频率等），然后中间变量再转换为最后的数字量，如单积分型 ADC、双积分型 ADC 等。在 A/D 转换器数字量的输出方式上，又有并行输出和串行输出两种类型。

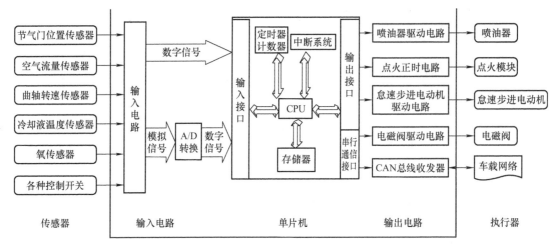

图 10-17　汽车电子控制单元（ECU）的组成框图

在 A/D 转换器中，输入的模拟量在时间和幅值上都是连续变化的，而输出的数字信号在时间和幅值上都是离散的。因此，A/D 转换器的转换过程一般通过采样、保持、量化和编码四个步骤完成。在实际电路中，这些过程有的是合并进行的，如采样与保持、量化与编码往往都是在转换过程中同时实现的。

1）采样-保持。采样-保持电路的作用是将时间上、幅值上都连续的模拟信号，通过采样脉冲的作用，转换成时间上离散、但幅值上仍连续的离散模拟信号。所以进行转换时只能在一系列选定的瞬间对输入的模拟量采样后再转换为输出的数字量。所以，采样保持电路多用于模/数（A/D）转换器之前。并且在瞬间采样时，应把采样值保存一段时间，以满足A/D转换电路的需要。A/D 转换原理图如图 10-18 所示。

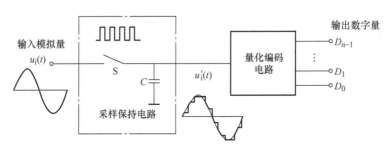

图 10-18　A/D 转换原理图

2）量化-编码。一般把上述采样保持后的值以某个"最小数量单位"的整数倍来表示，这一过程称为量化。规定的最小数量单位称为量化单位或量化间隔。量化的方法一般有两种：四舍五入法和舍去小数法。采用不同量化方式时，其结果存在差异，而且上述量化结果与采样值之间存在误差，这种误差称为量化误差。

把上述量化结果用代码表示的过程，称为编码。

汽车上有几十甚至上百个传感器，它们将各种物理量（温度、压力、转速、位置等）转换成对应的电信号。这些电信号很多是电压或电流之类的模拟信号，往往幅度很小（mV、mA），因此在进入 ECU 之前，首先需要先进行放大处理，将小的电信号变成"标准"的电

信号。若传感器输出的是电流信号，还要经过电流/电压转换，变成电压信号，然后再进行A/D 转换，将标准幅度的电信号转换成对应的数字信号，最后才能送入 ECU 处理。

实际上，常常是多路传感器和放大器共用一个 A/D 转换器，中间设置多路模拟开关，允许多个模拟量分时输入A/D转换器进行处理，也就是说，各传感器信号是按时间顺序轮流进行 A/D 转换的。各种模拟信号按传感器→放大器→A/D转换器→ECU 的路径输入通道。模拟量输入通道如图 10-19 所示。

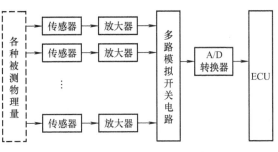

图 10-19　模拟量输入通道

（2）数/模（D/A）转换器

1）D/A 转换器的基本原理和转换特性。

① 基本原理：将输入的每一位二进制代码按其位权的大小转换成相应的模拟量，然后将代表各位的模拟量相加，所得的总模拟量就与数字量成正比，这样便实现了从数字量到模拟量的转换。

D/A 转换器由数码寄存器、模拟电子开关、解码网络、求和电路及基准电压几部分组成。数字量以串行或并行方式输入并存储于数码寄存器中，寄存器输出的每位数码驱动对应的数位上的电子开关将在电阻解码网络中获得的相应数位权值送入求和电路。求和电路将各位权值相加便得到与数字量对应的模拟量。n 位 D/A 转换器的电路结构框图如图 10-20 所示。

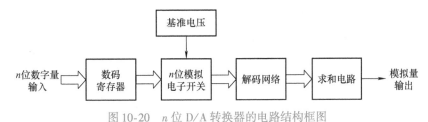

图 10-20　n 位 D/A 转换器的电路结构框图

② 转换特性：D/A 转换器的转换特性，是指其输出模拟量和输入数字量之间的转换关系。理想的 D/A 转换器的转换特性，应是输出模拟量与输入数字量成正比。

2）D/A 转换器的主要技术参数。

① 分辨率：指输出模拟电压的最小增量，即表明 D/A 转换器输入一个最低有效位而在输出端上模拟电压的变化量。

② 建立时间：是将一个数字量转换为稳定模拟信号所需的时间，也可以认为是转换时间。D/A 转换器中常用建立时间来描述其速度，而不是 A/D 转换器中常用的转换速率。一般电流输出时，D/A 转换器建立时间较短，电压输出时，D/A 转换器建立时间则较长。

③ 精度：是指输入端加有最大数值量时，D/A 转换器的实际输出值和理论计算值之差，它主要包括非线性误差、比例系统误差、失调误差。

④ 线性度：在理想情况下，D/A 转换器的数字输入量等量增加时，其模拟输出电压也应等量增加，但是实际输出往往有偏离。

JK 触发器仿真实验

【实训目的】

1. 掌握边沿触发器的逻辑功能。

2. 利用仿真软件验证 JK 触发器的逻辑功能。

【设备器材】

计算机、电子电路仿真软件 Multisim。

【重点难点】

重点：JK 触发器电路工作原理。

难点：仿真软件运用。

【实训步骤】

1）单击电子仿真软件 Multisim 基本界面元器件栏 符号（Place TTL）按钮，调出 JK 触发器 74LS76D，并调出图 10-21 中所有元件连好仿真电路，进行异步置位和异步复位端逻辑功能的测试。

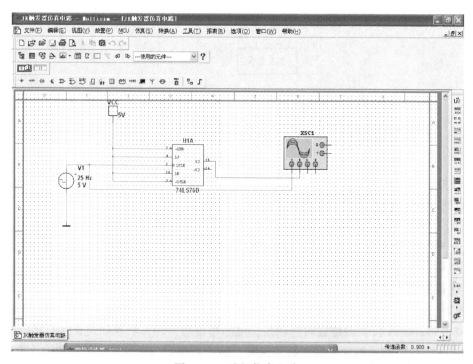

图 10-21　连好仿真电路

2）开启仿真开关，双击 4 踪示波器观察输入波形（红色）、输出波形（蓝色和黄色）变化情况，分析 JK 触发器的逻辑功能，如图 10-22 所示。

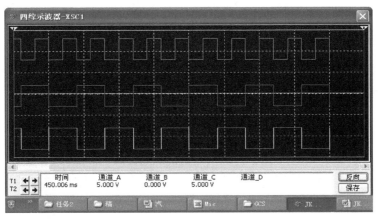

图 10-22　输入波形（红色）、输出波形（蓝色和黄色）变化情况

计数、译码和显示电路仿真实验

【实训目的】

1. 掌握边沿触发器的逻辑功能。

2. 利用仿真软件验证 JK 触发器的逻辑功能。

【设备器材】

计算机、电子电路仿真软件 Multisim。

【重点难点】

重点：JK 触发器电路工作原理。

难点：仿真软件运用。

【实训步骤】

1) 在电子仿真软件 Multisim 基本界面调出电路图中所需元件，置于电子平台上，其中绿色指示灯指示函数信号发生器的脉冲，下方红色发光二极管指示手动脉冲情况，如图 10-23 所示。当开关位于上方时，为自动控制脉冲；当开关位于下方时，为手动控制脉冲。

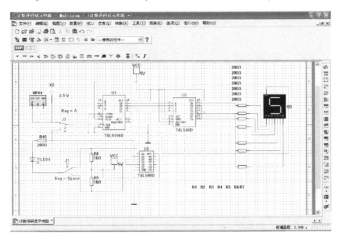

图 10-23　调出电路图中所需元件

2）关闭仿真开关，单刀双掷开关向上方闭合，如图10-24所示。观察显示器输出情况，此时为自动控制脉冲。

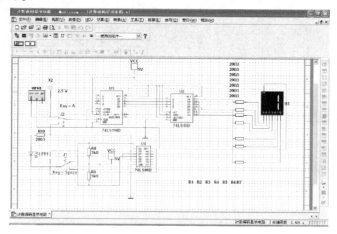

图10-24　单刀双掷开关向上方闭合

3）关闭仿真开关，单刀双掷开关向下方闭合，闭合、断开手动开关，如图10-25所示。观察显示器输出情况。

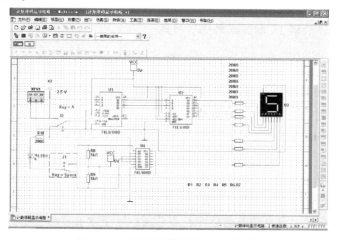

图10-25　单刀双掷开关向下方闭合

小　结

本模块所讲述的触发器是构成各种复杂数字电路的一种基本单元。触发器是一种能存储一位二进制数据0和1的电路，它有一对互补输出端。因此，触发器又称为半导体存储单元或记忆单元。时序逻辑电路是由组合逻辑电路和存储电路组成的，它的输出不仅和输入有关，而且还和电路原来的工作状态有关。时序电路有同步和异步之分，同步时序电路在时钟信号的控制下同步工作，而异步时序电路没有统一的时钟脉冲。

思考与练习题

一、填空题

1. 寄存器一般都是借助有_____功能的触发器组合起来构成的，一个触发器存储_____二进制信号，寄存 N 位二进制数码，就需要_____个触发器。

2. 组合逻辑电路的特点是输出状态只与_____有关，与电路的原状态_____，其基本单元电路是_____，而时序逻辑电路任一时刻的输出状态不仅与_____有关，而且还与_____有关，即时序逻辑电路具有_____功能，其基本单元电路是_____。

3. JK 触发器在 CP 脉冲作用下，若要使 $Q_{n+1} = Q_n$ 则输入端必须_____。

4. 用来累计和寄存输入脉冲数目的部件称为_____。

5. JK 触发器当 $J = K =$ _____时，触发器 $Q^{n+1} = \overline{Q^n}$。

6. 在 RS、JK、T 和 D 触发器中，_____触发器的逻辑功能最多。

7. 触发器可以记忆_____位二进制数。

二、单选题

1. 边沿 JK 触发器输出状态转换发生在 CP 信号的（　　）。

A. 上升沿 　　　　　　　　　　　B. 下降沿或上升沿

C. $CP = 1$ 期间 　　　　　　　　D. $CP = 0$ 期间

2. 触发器的记忆功能是指触发器在触发信号消失后，能保持（　　）。

A. 信号不变 　　　B. 初始状态不变 　　　C. 输出状态

3. 一个四位二进制加法计数器起始状态为 1001，当最低位接到 2 个脉冲时，触发器状态为（　　）。

A. 0011 　　　　　　　B. 1011 　　　　　　　C. 1101

4. JK 触发器当 $J = 1$，$K = 0$，触发沿到来时，触发器具有（　　）逻辑功能。

A. 置 0 　　　　　B. 置 1 　　　　　C. 保持 　　　　　D. 翻转

5. 一个 T 触发器，在 $T = 0$ 时，加上时钟脉冲，则触发器（　　）。

A. 保持原态 　　　B. 置 0 　　　　　C. 置 1 　　　　　D. 翻转

三、简答题

试说出题图 10-1 电路名称，并画出波形。

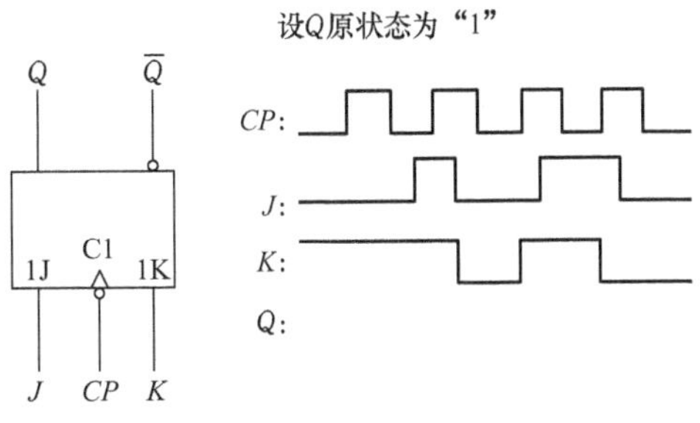

设 Q 原状态为 "1"

CP:

J:

K:

Q:

题图　10-1

参 考 文 献

[1] 任成尧. 汽车电工与电子基础 [M]. 2 版. 北京：人民交通出版社，2011.

[2] 杨静生，邢迎春. 电工电子技术基础 [M]. 大连：大连理工大学出版社，2006.

[3] BOSCH GMBH. 汽车电气与电子 [M]. 魏春源，等译. 北京：北京理工大学出版社，2004.

[4] WILFRIED STAUDT. 汽车机电技术二：学习领域5-8 [M]. 华晨宝马汽车有限公司，译. 北京：机械工业出版社，2012.

[5] 曹家喆. 汽车电子控制基础 [M]. 北京：机械工业出版社，2012.

[6] 程周. 电工与电子技术 [M]. 北京：中国铁道出版社，2010.

[7] 姜京花. 汽车电气设备构造与维修 [M]. 北京：人民交通出版社，2005.